ABSOLUTE SURRENDER

완전한 순종

● 독자 여러분들께 알립니다!
'CH북스'는 기존 '크리스천다이제스트'의 영문명 앞 2글자와
도서를 의미하는 '북스'를 결합한 출판사의 새로운 이름입니다.

세계기독교고전 59

완전한 순종

1판 1쇄 발행 2018년 3월 23일
1판 3쇄 발행 2023년 12월 13일

지은이 앤드류 머레이
옮긴이 김원주
발행인 박명곤 **CEO** 박지성 **CFO** 김영은
기획편집1팀 채대광, 김준원, 이승미, 이상지
기획편집2팀 박일귀, 이은빈, 강민형, 이지은
디자인팀 구경표, 구혜민, 임지선
마케팅팀 임우열, 김은지, 이호, 최고은

펴낸곳 CH북스
출판등록 제406-1999-000038호
전화 070-4917-2074 **팩스** 0303-3444-2136
주소 서울시 강서구 마곡중앙6로 40, 장흥빌딩 10층
홈페이지 www.hdjisung.com **이메일** support@hdjisung.com
제작처 영신사

ⓒ CH북스 2018

※ 이 책은 저작권법에 따라 보호받는 저작물이므로 무단 전재와 복제를 금합니다.
※ 잘못 만들어진 책은 구입하신 서점에서 교환해드립니다.
※ CH북스는 (주)현대지성의 기독교 출판 브랜드입니다.

세계
기독교
고전

59

ABSOLUTE SURRENDER

완전한 순종

앤드류 머레이 | 김원주 옮김

CH북스
크리스천
다이제스트

세계 기독교 고전을 발행하면서

한국에 기독교가 전해진 지 벌써 100년이 넘었습니다. 그동안 수많은 기독교 서적들이 간행되어 한국의 교회와 성도들에게 많은 공헌을 해 왔습니다. 그러나 기독교 역사 100년을 넘어선 우리의 교회와 성도들에게 더 큰 영적 성숙과 진정한 신앙을 심어주기 위해서는 가치있는 기독교 서적들이 많이 나와야 한다고 생각합니다. 그리하여 영혼의 양식이 될 수 있는 훌륭한 기독교 서적들이 모든 성도들의 가정뿐만 아니라 믿지 아니하는 가정에도 흘러 넘쳐야만 합니다.

믿는 성도들은 신앙의 성장과 영적 유익을 위해서 끊임없이 좋은 신앙 서적들을 읽고 명상해야 하며, 친구와 이웃 사람들의 구원을 위하여 신앙 서적 선물하기를 즐기고 읽도록 권해야 할 것입니다. 이것은 하나님의 백성으로서 살기 원하는 사람은 누구나 마땅히 해야 할 의무라고도 하겠습니다.

존 웨슬리는 "성도들이 책을 읽지 않는다면 은총의 사업은 한 세대도 못가서 사라져 버릴 것이다. 책을 읽는 그리스도인만이 진리를 아는 그리스도인이다"라고 말했습니다. 우리는 이제 한국에서 최초로 세계의 기독교 고전들을 총망라하여 한국의 교회와 성도들에게 소개하고자 합니다. 전세계의 기독교 고전은 모든 기독교인들에게 영원한 보물이며, 신앙의 성숙과 영혼의 구원을 위하여 이보다 더 귀한 것은 없을 것입니다.

이러한 취지로 어언 2천여 년의 세월이 지나는 동안 세계 각국에서 저술된 가장 뛰어난 신앙의 글과 영속적 가치가 있는 위대한 신앙의 글만을 모아서 세계기독교 고전 전집으로 편찬하고자 합니다.

우리는 이 세계 기독교 고전 전집을 알차고, 품위있게 제작하여 오늘날 한국의 교회와 성도들에게 제공하고 후손들에게도 물려줄 기획을 하고 있습니다. 우리는 다시 한번 다니엘 웹스터가 한 말을 깊이 생각해 보아야 할 것입니다.

"만약 신앙 서적들이 우리 나라 대중들에게 광범위하게 유포되지 않고, 사람들이 신앙적으로 되지 않는다면, 우리나라가 어떤 나라가 될지 걱정스럽다 … 만약 진리가 확산되지 않는다면, 오류가 지배할 것이요, 하나님과 그의 말씀이 전파되고 인정받지 못한다면, 마귀와 그의 궤계가 우세할 것이요, 복음의 서적들이 모든 집에 들어가지 못한다면, 타락하고 음란한 서적들이 거기에 있을 것이요, 우리나라에서 복음의 능력이 나타나지 못한다면, 혼란과 무질서와 부패와 어둠이 끝없이 지배할 것이다."

독자들의 성원과 지도 편달을 바라마지 않습니다.

CH북스
발행인 박명곤

차 례

앤드류 머레이의 생애   8
앤드류 머레이의 연보   13

         서문   17
제1장   완전한 순종   21
제2장   성령의 열매는 사랑이라   40
제3장   성령께 구별되다   64
제4장   베드로의 회개   80
제5장   사람이 할 수 없는 것을 하나님은 하실 수 있느니라   92
제6장   오호라 나는 곤고한 사람이로다!   107
제7장   성령으로 시작하였다가   120
제8장   하나님의 능력으로 보호하심을 받다   137
제9장   너희는 가지라: 교역자들에 대한 설교   161

앤드류 머레이의 생애

어린 시절 머레이의 "세계"는 두 대륙, 곧 아프리카와 유럽으로 이루어졌다. 그러나 궁극적으로 그의 설교와 가르침과 저술은 영적 각성과 부흥을 일으키는데 있어서 전 세계적으로 영향을 미쳤다.

앤드류 머레이는 1828년 남아프리카에서 네덜란드 개혁교회 가정에 태어났다. 열 살 때 그는 형과 함께 학교에 다니기 위해 배를 타고 스코틀랜드로 갔고, 10년 후에 목회를 하기 위해 남아프리카로 돌아오기 전에 신학 공부를 위해 네덜란드로 갔다.

처음에 머레이의 청년 시절은 새로운 경험이었다. 태도와 말투가 활기찬 이 젊은 설교자는 애정이 깃들어 있지만 다소 권위적인 어조로 설교하였고, 아주 넓은 지역을 아우르는 시골 교구를 돌아다니며 사역하면서 명성을 얻었다. 젊은 아내의 도움을 받아 30세 때 쓴 그의 첫 번째 책은 『어린이들을 위한 그리스도의 생애, *Life of Christ for Children*』였는데, 흩어져 있는 그의 교구민들을 위한 자료였다.

1860년에 그는 우스터(Worcester)에 있는 도시 근교의 교회를 맡았다. 머레이는 목사인 부친을 따라 남아프리카에 영적 각성이 일어나기를 수년 동안 기도하였다. 그러나 가까이 다가오고 있는 바람소리와 감정의 폭발이 수반되는 "부흥운동"이 그의 우스터 교구에서 일어났을 때, 그것이 부흥운동이라는 것을 깨닫지 못하였다. 그는 미국에 가서 당시 미국에서 일어나고 있던 부흥운동을 목격한 방문객에게 조언을 듣기 전까지는 "그 혼란"을 억누르려고 하였다.

『앤드류 머레이: 공인된 전기(傳記), Andrew Murray: The Authorized Biography』에서 리오나 초이(Leona Choy)는 말하기를, 부흥운동을 위한 머레이의 기도는 "자기 교인들을 위하는 것만큼이나 자신을 위한" 것이었다고 했다. 하나님께서 그의 기도에 응답하셨다. 좀 더 나이가 들었을 때 그는 자신의 경험에 대해 이렇게 간단히 썼다. "하나님께서는 우스터에서 내 설교와 함께 성령을 부어주셨다.……이루 말로 다할 수 없는 복이 내게 임하였다."

이 일이 있은 직후에 그는 예수님을 포도나무로 비유한 요한복음 15장에 기초하여 그의 걸작인 『그리스도 안에 거하라, Abide in Christ』라는 경건 서적을 썼다. 과거를 돌아보면서 머레이는 '그때는 내가 쓴 것을 전부 다 경험하지는 못했다"고 시인하였다. 그러나 이후로 계속해서 더 깊어지는, 그리스도와 함께 하는 삶을 경험하였다. 그는 자신이 성령으로 세례 받은 그 날을 구체적으로 언급하는 데는 별로 관심이 없었던 것 같다. 좀 더 나이가 들었을 때 또 그는 이렇게 썼다.

> 나는 성령으로 채워져야 할 그릇으로서 매일 하나님 앞에 엎드려야 하는 것을 배웠다.……내가 날마다 배우고 있는 교훈이 한 가지 있다면, 그것은 "모든 것을 모든 사람 가운데서 이루시는 분은 바로 하나님"(고전

12:6)이시라는 것이다.

우리를 의롭다 하시고 또 거룩하게 하시며 우리에게 능력을 주어 봉사하게 하시는 분은 바로 하나님이시다.

지도자로서 머레이의 자질은 강단을 넘어서도 뚜렷하게 나타났다. 35세가 되기 전에 머레이는 교단의 노회장으로 선출되었다. 짧은 기간 목회하였던 케이프타운(Cape Town)에서는 진취적인 YMCA의 초대 회장이 되었다. 그리고 케이프타운보다 작은 도시인 웰링턴(Wellington)으로 가서는 『성경과 기도 연합, *The Bible and Prayer Union*』이라는 간행물을 발행하였다. 이 간행물은 자기 교인들을 위해 마련한 성경 읽기표와 경건 서적이었지만 나중에 가서는 교회 밖의 많은 사람들로부터도 구독 예약을 받게 되었다. 때맞춰 그는 여자 청년들을 위한 교사 훈련 학교를 시작하였는데, 이 학교는 현재 매사추세츠 주에 있는 마운트 홀리요크 대학(Mount Holyoke College)의 미국식 모델을 따라 만든 것이다. 또 남자 청년들을 선교사로 훈련시키는 기숙학교도 설립하였다. 더욱 놀라운 점은 그가 젊었을 때부터도 깊게 분열되어 있던 지역에서 교육과 선교에 대한 그의 비전이 계층이나 인종 혹은 정치적 신념에 전혀 개의치 않았다는 것이다.

머레이가 이따금 유럽과 미국을 여행하며 설교하였지만 그가 남긴 가장 큰 유산은 그의 저작들이었다. 그의 저작은 240권에 달하는 서적과 소책자들로 이루어져 있는데, 대체로 기독교 신자들을 대상으로 썼다. 그는 신자들에게 그리스도와의 역동적인 관계를 소개하고 그 관계에 들어가도록 인도한다. 그런 관계 안에는 성령께서 활동하신다. 그래서 마음을 그리스도께 드리면 성령께서 그 마음을 채우고 능력을 베풀어 신자로 하여금 거룩한 생활, 봉사의 생활을 계속할 수 있게 한다고 가르친다.

그의 책들 가운데 많은 저술들은 일련의 설교나 담화를 기초로 쓴 것이다. 그러나 만일 50대 초반에 사실상 2년 동안 거의 소리를 내지 못하게 만들었던, 원인을 알 수 없는 기관지 질환이 없었다면 그의 저작물의 수는 줄었을 것이다. 하나님의 섭리로 그는 그 시간을 저술하는데 사용하였다. 그리고 강제로 쉴 수밖에 없었던 이 고통스러운 단련의 시간을 통해서 그는 겸손을 이해하는 사람으로, 좀 더 친절하고 좀 더 온유한 머레이로 거듭났다.

그래서 결국 그는 1895년에 『겸손: 아름다운 거룩성, *Humility: The Beauty of Holiness*』이라는 제목으로 출판된 12개의 메시지를 통해 겸손을 깊이 다룬다. 80세 즈음에 이르러서 그는 겸손을 "피조물의 가장 고귀한 덕이자 모든 덕의 뿌리"라고 말한다. 그리고 반대로 "교만, 곧 이 겸손의 상실이 모든 죄와 악의 뿌리"라고 지적한다. 좀 더 나이가 든 머레이를 아는 사람들은 그의 행실의 열매를 보았다. 즉, 그의 생활에서 언행이 일치되게 살아온 사람에게서 나오는, 나이에 따른 권위가 풍겨 나오는 것을 느꼈다.

인생 후반기에 이르러서는 그의 저술들 가운데 많은 책이 성화와 기도에 초점이 맞추어졌는데, 기도 가운데서도 특별히 중보기도에 관심이 쏠렸다. 우리는 이 책에 나오는 "연설들을" 설명하면서 설교라는 단어를 사용할 수도 있을 것이다. 이 연설들 각각이 성경 본문과 연결되어 있고, 또 성경 본문을 해설하고 있기 때문이다. 이 설교들이 편집되는 과정에서, 각 장은 그 자체로 완전하면서도 서로에게 의존되어 있고, 머레이가 출처를 밝히지 않고 인용하는 찬송가에서 요약되는 주제를 볼 수 있는 통찰을 제공한다. (이 찬송가는 동시대인들에게 휘틀 소령[Major Whittle]으로 알려진 한 미국 복음전도자가 지은 것이다. 휘틀 소령은 미국 남북전쟁의 영웅으로서 그의 명성을 나타내는 직함이다.)

순간 순간 나는 주님의 사랑으로 보호받네.
순간 순간 나는 위로부터 생명을 얻네.
예수님을 보니 그 영광 찬란하네.
오 주님, 매 순간 나는 주의 것이네.

이 작은 책은 모두 머레이의 독자들, 곧 한 세기 후를 살고 있는 우리뿐 아니라 머레이와 같은 세대의 사람들에게도 우리 자신의 힘으로 할 수 있지 않고 내주하시는 성령의 힘으로만 가능한, 그리스도인의 덕을 나타내는 거룩한 생활을 하도록 요청한다.

앤드류 머레이 연보

1828년(1세): 부친이 목사로 시무하는, 남아프리카 그라프 라이넷Graaff Reinet에서 출생하였다.

1838년(10세): 앤드류와 형 존이 스코틀랜드로 보내어져 그곳에서 학교를 다녔다. 1840년 집으로 보낸 편지에서 신앙부흥운동들에 대해 이야기하였다.

1845년(17세): 두 형제 모두 애버딘 대학을 졸업하고 문학 석사 학위를 받았다.

1845-1848(17-20세): 네덜란드 위트레흐트Utrecht에서 계속 공부하였다. 앤드류는 1845년 11월 14일에 "거듭났다." 선교단missionary band을 설립하였는데, 이것이 후에 네덜란드 기독인 학생회Netherlands Christian Students' Association가 되었다. 두 사람은 1848년에 헤이그Hague에서 목사 안수를 받고 남아프리카로 돌아왔다.

1848년(20세): 신新 오렌지강 자치국New Orange River Sovereignty의 블룸폰테인Bloemfontein에 목사로 위임되었다.

1849-1852년(21-24세): 트란스발Transvaal에서 휴가 기간에 설교하였고, 1849년에 황열병yellow fever, 黃熱病에 걸려 6주 동안 거의 사경을 헤맸다.

1853-1854년(25-26세): 대영제국이 오렌지강 자치국에서 철수하는 문제에 관하여 추밀원에 호소하기 위해 영국에 갔다. 의학적인 도움을 구했고, 의사의 권유로 인해 결국 유럽에 1년간 머물게 되었다. 남아프리카로 갈 목사, 교사, 교수들을 모집하였다.

1855년(27세): 케이프타운Cape Town에서 러더퍼드Rutherford와 결혼했고, 블룸폰테인으로 돌아왔다.

1857년(29세): 케이프타운 총회에 참석하였고, 첫째 딸을 낳았다.

1858-1859년(30-31세): 교구 목사로서 그레이 공공학교Grey College를 시작하였고, 〈어린이들의 친구 예수Jesus the Children's Friend〉를 발행하였다.

1860년(32세): 우스터Worcester에 목사로 위임되었고, 우스터에서 네덜란드 개혁교회 회의 Dutch Reformed Conference를 개최하였다.

1862년(34세): 총회장으로 선출되었다.

1864년(36세): 〈이 아이를 어떻게 양육할까What Manner of Child Shall This Be〉를 저술했다. 케이프타운에 있는 교회의 부목사로 초빙을 받았다. YMCAYoung Men's Christian Association를 설립하였다.

1867년(39세): 바스 컨퍼런스Bath Conference에서 강연을 하였고, 강연문이 〈복음주의 기독교 세계Evangelical Christendom〉에 실렸다. 크리스마스 만찬에 앞서 200명의 절도범들에게 설교하였다. 아버지 앤드류가 죽고, 동생 찰스가 그라프 라이넛에서 목사가 되었다.

1867년(39세): 케이프타운으로 돌아왔고, 13편의 강연을 묶어 〈현대의 불신앙Modern Unbelief〉으로 출판하였다.

1870년(42세): 케이프타운 교회 회중에게 헌정하는 저서, 〈나를 불쌍히 여기소서Have Mercy on Me〉를 출판하였다.

1871-1906년(43-78세): 주민 수 4천명의 웰링턴Wellington에 있는 교회의 초빙을 받아 목사로 시무하였다.

1872년(44세): 막내인 딸이 두 살 반의 나이에 죽었다.

1874년(46세): 미국에서 온 교사 두 명과 함께 40명의 여자 기숙학생들을 데리고 위그노 신학교Huguenot Seminary를 시작하였다.

1875년(47세): 50명의 여학생들에게 거처를 마련해 주기 위해 두 번째 건물을 지었다.

1876년(48세): 학교 운영 기금을 모으기 위해 두 달간 여행을 하였다.

1877년(49세): 선교사와 교사들의 자녀를 위한 기숙사를 운영하기 시작하였다. 2회 총회장으로 선출되었고, 에든버러Edinburgh에서 열린 전全장로교회 회의Pan-Presbyterian Council에서 교회 대표를 맡았다. 교사들을 새로 모집하기 위해 미국에 갔고, 보스턴에서 무디 신앙부흥운동에 참석하였다.

1882년(54세): 〈그리스도 안에 거하라Abide in Christ〉를 집필하였다.

1885년(57세): 머레이 부부가 6개월 간의 설교 여행을 다니는 중에 장남 하우슨Howson이 죽었다.

1891년(63세): 〈두 번째 축복The Second Blessing〉을 출판하였다.

1895년(67세): 잉글랜드 케직 사경회Keswick Conventional Council meetings에서 연설하였다. 〈완전한 순종Absolute Surrender〉을 출판하였다.

1898년(70세): 70세 생일과 목회 희년ministerial jubilee을 맞이하여 한 주간 축하행사를 가졌고, 명예 신학박사 학위를 받았다. 위그노 신학교는 그동안 학교에서 훈련받은 1천명의 교사들과 함께 개교 25주년 기념행사를 가졌다. 목회 희년을 기념하는 행사로 프리스테이트 주Free State(남아프리카 공화국 중부에 위치한 주로, 주도는 블름폰테인)를 여행하였는데, 머레이가 이곳에서 목회하는 동안에 시작한 네 회중이 있었다.

1899년(71세): 씨포인트 수용소Sea Point Camp에서 봉사하였는데, 전쟁 포로인 보어인들을 위해 하루 세 번 예배를 인도하였다. 몸이 쇠약해져서 아내와 두 딸과 함께 스위스로 갔고, 케직 운동의 "아버지"로 알려졌다.

1900년(72세): 〈하나님의 치료 Divine Healing〉를 출판하였으나 후에 자신의 견해를 수정하였다.

1904년(76세): 케이프타운에서 열린 기독교 면려회 Christian Endeavour Convention에서 설교하였다.

1905년(77세): 훈련원 Training Institute은 총회의 부속 기관이 되었고, 머레이는 마지막으로 총회에 참석하였다. 아내가 뇌졸중으로 사망하였다. 57년간의 목회를 끝내고 은퇴하여 이후에 원로 목사로 "클레르보" Clairvaux에서 생활하였다.

1908년(80세): 마지막으로 블룸폰테인에서 설교하였다. 목회 60주년 기념식을 가졌다.

1912년(84세): 스텔렌보스 Stellenbosch에서 열린 목회자 컨퍼런스에서 전한 강연들이 〈기도 생활 The Prayer Life〉이라는 이름으로 출판되었다.

1916년(88세): 6월에 마지막으로 웰링턴에서 설교하였다. 돌아온 뒤에 새 책을 쓰기 시작하였다.

1917년(89세): 1월 18일에 죽었다.

서 문

 이 설교의 출판을 맡은 사람들의 요청에 따라 서문으로 몇 마디 씁니다. 나는 이 기회에 이 설교가 전해졌던 집회들에 참석하지 못하였을 수 있는 독자들에게 처음에 이 설교를 전할 때 마음에 품었고, 또 이제 이 설교를 출판하면서 염두에 두고 있는 특별한 목적이 무엇인지 이야기하겠습니다.

 나로서는 케직 사경회(Keswick Convention)의 발단을 언급하는 것만큼 이 일을 잘 할 수 있는 길은 없다고 생각합니다. 캐논 배터스비(Canon Battersby)는 20여년 이상 성실한 복음주의 목회자로 봉사하였고, 뛰어난 경건으로 잘 알려진 인물이었습니다. 그러나 오히려 그 경건은 그의 마음속에 대부분의 하나님의 자녀들이 신앙생활을 하면서 안고 있는 고민, 곧 자신이 하나님을 기쁘시게 하는 삶을 살지 못하고 있다는 의식을 일으켰습니다. 죄와의 싸움에서 계속 실패와 좌절을 겪는다는 것, 곧 하나님의 임재의 빛과 즐거움을 자주 잃어버린다는 의식이 생겼고, 그로 인해 하나님의 말씀에서 이야기하는 완전한 평안과 지속적인 친교를 누릴 수가 없었습니다.

 1873년 옥스퍼드 집회(The great Oxford Convention)가 있기 전에, 배터스

비는 자신들이 죄에 대해 승리하고 빛 가운데서 지속적으로 행한다고 증언하고, 그것이 그리스도인의 규범적인 경험이라고 말할 수 있는 사람들이 있다는 소식을 듣고 깊은 자극을 받았습니다. 그는 하나님의 말씀에서 그 경험을 보장하는 약속들이 있는 것을 알았지만, 그 약속들을 자기 것으로 취하는 법을 알지 못하였습니다. 그 집회에서 배터스비는 그리스도의 말씀을 의지하는 믿음에 대한 설교를 들었고, 그 믿음이 있으면 자신이 지금까지 불가능하다고 생각했던 것을 자기 안에 이루시는 그리스도의 능력을 요구할 수 있고, 또 받을 수도 있다는 것을 알았습니다. 그에게 이 사실을 보여주신 성령께서 또한 그로 하여금 이 사실을 받아들이게 만드셨습니다. 그래서 그는 하나님께서 자신을 위하여 행하신 일을 즉시 증언할 수 있게 되었습니다.

케직 사경회는 이 사실을 더욱 널리 증언하기를 원하는 바람에서 시작되었습니다. 다른 사람들과 더불어 배터스비는 자신들도 한때 살았던 옛 생활에 대해서, 그리고 하나님께서 이때 주신 새 생명과 기쁨에 대해서, 또 그들이 믿음으로 말미암아 옛 생활에서 새 생활로 넘어간 간단한 방식에 대해서 말했습니다. 그들의 활동에 따라온 복은 대단히 컸습니다. 자신들이 그동안 영위해 왔던 것보다 나은 삶을 갈망하였던 많은 사람들이 자기들에게 필요한 도움을 발견하였습니다. 성령의 능력과 기쁨 안에 있다는 분위기가 새롭게 형성되었고, 케직 사경회에서 그 분위기는 오늘날도 느낄 수 있습니다. 과거의 잘못된 것을 고백하고 버리라는 강렬한 요구, 그리스도께서 실제로 가능하게 하신 일이 복되다는 즐거운 증언, 와서 오직 믿음으로 하나님의 신실하심과 능력을 즉시 증명하라는 단순한 믿음의 호소가 많은 사람들에게 그들이 일반 설교에서는 결코 만나지 못했던 메시지와 복을 가져다주었습니다.

그러면 나는 왜 이 책을 썼습니까? 그것은 영적인 생활을 더 깊게 만드는 집회의 특징들을 보여주는 세 가지 주요 생각들, 곧 이 설교들에서 예를 들어 설명하려고 하는 그 세 가지 요점들을 독자들에게 알려주고 명심하게 하려는 것입니다.

이 책의 첫 번째 목적은, 그처럼 많은 사람들이 그리스도인의 생활로 알고 있는 저급한 영적 상태가 악하다는 것을 깨닫게 하려는 것입니다. 완전한 순종이 불가능하다고 은근히 생각하는 것만큼 그리스도의 교회에 해를 끼치는 일은 없습니다. 신자들이 이 생각이 그릇되었음을 알고 자신들의 지속적인 실패의 생활을 용인할 수 없는 죄로 보기 시작하기 전에는, 어떤 설교도 별 도움을 주지 못할 것입니다. 여기서 제일 먼저 배워야 할 교훈은, 육신을 따라 행하는 것, 곧 계속해서 완고하게 생활하는 일은 하나님께서 절대적으로 요구하시고, 실제로 사용하시는 생활과 반대된다는 것입니다.

이 책의 두 번째 목적은, 하나님이 실로 그리스도, 곧 전능하신 구주 안에서 죄로부터 구원하는 준비를 하셨고, 또 우리 안에 거하시는 성령 안에서 그리스도가 매순간 우리 속에 구원의 능력을 실제로 발휘하도록 준비하셨으며, 그로 인해 승리와 평안과 교제의 생활이 유지될 수 있게 하셨다는 사실을 분명히 밝히려는 것입니다.

그 다음에 세 번째 요점은, 넘어지고 교제가 자주 중단되는 옛 생활을 벗어나 새 생활로 넘어가는 일이 한 순간, 한 걸음에 의해 이루어질 수 있다는 것입니다. 그렇게 하기만 하면 틀림없이 그 일이 이루어질 것인데, 자신의 힘으로는 실패해 온 일이 우리 안에서 이루어지게 하는 것은 그리스도에 대한 새로운 믿음의 행위, 곧 그리스도를 의지하는 것밖에 없기 때문입니다.

나는 독자들이 이 모든 것을 아주 단순하지만 개인의 경험에서 나온 호소로 여기라고 간곡히 부탁하고 싶습니다. 독자들은 하나님께 자신을 만나주시고, 자신이 하나님께서 불러 행하도록 하신 완전한 순종과 친밀한 교제의 길에서 실제로 행하고 있는지 보여주시기를 구하기 바랍니다. 만일 하나님의 자녀가 학자로서 어떤 진리들을 좀 더 분명하게 알기 위해 이 책을 읽거나, 그리스도인으로서 교훈을 얻기 위해서 이 책을 읽는다면, 그는 틀림없이 실망할 것입니다. 그는 죄인으로서 죄에서 구원받기를 바라는 마음으로 이 책을 읽어야 합니다. 그러면 틀림없이 복을 받을 것입니다.

우리가 하나님 앞에 모였을 때, 하나님께서 말로 전하는 이 설교에 복주시기를 기뻐하셨듯이 문자로 전하는 이 설교에도 그의 성령으로 복을 베풀어주시기를 겸손히 기도하면서, 이 책과 이 책의 독자들을 하나님의 거룩한 보살핌에 맡깁니다.

앤드류 머레이
1895년 12월 2일, 윔블던에서

제 1 장

완전한 순종

"아람의 벤하닷 왕이 그의 군대를 다 모으니 왕 삼십이 명이 그와 함께 있고 또 말과 병거들이 있더라 이에 올라가서 사마리아를 에워싸고 그 곳을 치며 사자들을 성 안에 있는 이스라엘의 아합 왕에게 보내 이르기를 벤하닷이 그에게 이르되 네 은금은 내 것이요 네 아내들과 네 자녀들의 아름다운 자도 내 것이니라 하매 이스라엘의 왕이 대답하여 말하기를 내 주 왕이여 왕의 말씀 같이 나와 내 것은 다 왕의 것이니이다 하였더니." ― 열왕기상 20:1-4

벤하닷이 요구한 것은 완전한 순종(무조건 항복)이었고, 아합이 준 것도 자기가 요구받은 것, 곧 완전한 순종이었습니다. 나는 이 말을 하고 싶습니다. 즉, "내 주 왕이여 왕의 말씀 같이 나와 내 것은 다 왕의 것이니이다." 이것은 하나님의 자녀라면 누구나 자신을 아버지 하나님께 바칠 때 드려야 하는 완전한 순종의 말입니다. 우리는 이 말을 과거에 들었습니다. 그러나 이제 다시 이 말을 아주 분명하게 들을 필요가 있습니다. 즉, 하나님의 축복의 조건은 모든 것을 하나님의 손에 완전하게 드린다는 것입니다. 하나님을 찬송합시다! 우리의 마음이 기꺼이 그렇게 하려고 한다면 하나님께서 우리를 위하여 하실 일과 주실 복은 끝이 없습니다.

완전한 순종. 내가 이 말을 어디에서 들었는지 말씀드리겠습니다. 내 자신이 이 말을 종종 사용하고, 여러분도 이 말을 수없이 많이 들었습니다. 이전에 스코틀랜드에서 내가 몇몇 사람들과 함께 있었는데, 그때 우리는 그리스도 교회의 조건에 대해서 그리고 교회와 신자에게 꼭 필요한 것이 무엇인지에 대해 이야기하고 있었습니다. 그리고 그 모임에는 노동자들을 훈련시키는 일에서 중요한 역할을 담당하는 경건한 노동자가 있었습니다. 나는 그에게 교회에 꼭 필요한 것이 무엇인지 그리고 전해야 하는 메시지가 무엇인지 물어보았습니다. 그는 아주 조용하게 그리고 간단하지만 단호하게 대답했습니다. "하나님께 완전히 순종하는 것이 꼭 필요한 한 가지입니다."

그 말이 전에 없이 내게 깊은 감명을 주었습니다. 그러고 나서 그는 이 같은 말을 하기 시작했습니다. 자기가 대하는 노동자들을 보면서 그는 그들이 완전한 순종이라는 점에서 생각이 확고하면 비록 진보가 더 딜지라도 기꺼이 배우려 하고 도움을 받으려고 하기 때문에 언제나 향상하지만, 그 점에서 생각이 확고하지 않은 사람들은 아주 많은 경우에 뒤로 물러가고 직장을 떠나가는 것을 본다는 것입니다. 하나님의 충만한 복을 얻는 조건은 하나님께 완전히 순종하는 것입니다.

자, 이제 나는 하나님의 은혜로 여러분에게 이 메시지를 전하고 싶습니다. 하늘에 계신 하나님은 여러분이 지금까지 자신과 주변 사람들에게 복을 베풀어 주시기를 위해 드려온 기도에 대해서 이 한 가지 사항을 조건으로 응답하신다는 것입니다. 그 조건이란, 네가 기꺼이 네 자신을 완전히 내 손에 내어주겠느냐는 것입니다. 이에 대해 우리는 어떻게 답변해야 하겠습니까? 하나님께서는 지금까지 그 답변을 한 사람들이 많다는 것을 아십니다. 그리고 그 답변을 하고 싶지만 용기를 내지 못하는 사람들은 더 많다는 것도 아십니다. 그리고 답변을 했지만 비참하게 실패하였고, 자신이 그런 생활을 할 수 있는 힘의 비결을 발견하지 못했기 때문에 스스로를 실패자로 느끼는 사람들이 있습니다.

하나님은 여러분의 순종을 기대하십니다

나는 무엇보다 하나님께서 우리에게 그런 순종을 요구하신다고 말씀드립니다. 그렇습니다. 완전한 순종은 바로 하나님의 본성 자체에 토대를 두고 있습니다. 하나님은 완전한 순종을 받지 않으면 일을 하실 수가 없습니다. 하나님은 누구십니까? 하나님은 생명의 근원이십니다. 존재와 능력과 선함의 유일한 원천이십니다. 우주 전체를 통해서 하나님이 일하시는 것 외에 선한 것은 없습니다. 하나님은 해와 달과 별들을 창조하셨고, 꽃과 나무와 풀을 창조하셨습니다. 그리고 이것들이 모두 하나님께 완전히 순종하지 않습니까? 이것들이 하나님께서 자기들 안에서 기뻐하는 대로 일하시도록 허락하지 않습니까? 하나님께서 백합을 아름답게 옷 입히실 때, 하나님께서 백합 속에 아름다움을 일으키시는 것을 보면, 백합이 하나님께 완전히 맡겨지고 넘겨진 것이 아닙니까? 그러니 하나님의 구속받은 자녀들이여, 여러분이 자신의 절

반이나 한 부분만 드린다면 하나님께서 자기의 일을 완전히 하실 수 있겠습니까? 하실 수 없습니다. 하나님은 생명이요 사랑이요 복이요 능력이며 무한한 아름다움이십니다. 하나님은 자기를 받을 준비가 되어 있는 모든 자녀에게 자신을 주기를 기뻐하십니다. 아, 그런데 완전한 순종, 이 한 가지가 없는 것이 바로 하나님을 방해하는 주범입니다. 이제 하나님이 오셔서 하나님으로서 완전한 순종을 요구하십니다.

여러분은 완전한 순종이 무엇인지를 매일의 생활에서 압니다. 모든 것을 그 날의 구체적이고 분명한 목적과 일에 내어주어야 한다는 것을 압니다. 내 주머니에 만년필이 있는데, 만년필은 글쓰기라는 이 한 가지 작업에 전적으로 바쳐져 있습니다. 그래서 만일 내가 이 만년필로 제대로 글을 쓰려고 하면 그것이 전적으로 내 손에 맡겨져야 합니다. 다른 누군가가 만년필의 한쪽을 붙잡고 있다면 나는 제대로 글을 쓸 수가 없습니다.

이 외투는 내 몸을 덮기 위해 전적으로 내게 맡겨져 있습니다. 이 건물은 종교적 활동을 하는데 전적으로 맡겨져 있습니다. 그러면 여러분은 자신을 전적으로 하나님께 넘겨 드리지 않는데도, 중생으로 말미암아 받은 여러분의 불멸의 영혼 속에서, 거룩한 본성 안에서 하나님께서 매일, 매 시간 자신의 일을 하실 수 있다고 생각합니까? 하실 수 없습니다.

솔로몬의 성전은 하나님께 봉헌하였을 때 하나님께 완전히 바쳐졌습니다. 우리 한 사람 한 사람이 하나님의 성전입니다. 하나님께서는 한 가지 조건, 곧 하나님께 완전히 자기를 드리는 순종이라는 조건에서 그 성전에 거하며 힘 있게 일하실 것입니다. 하나님은 우리에게 완전한 순종을 요구하십니다. 하나님은 그렇게 요구하실 권한이 있으십니다. 그런 순종이 없으면 하나님이 우리 안에서 자신의 복된 일을 하실 수 없습니다.

하나님께서 여러분의 순종을 성취하십니다

둘째로, 하나님은 완전한 순종을 요구하실 뿐만 아니라 또한 친히 그 순종을 이루실 것입니다. 나는 이렇게 말하는 사람이 많으리라 확신합니다. 즉, "하지만 완전한 순종은 정말로 많은 것을 함축하고 있다"고 말입니다. 누군가는 이렇게 말합니다.

> "아, 나는 그동안 시련과 고난을 아주 많이 겪었는데 지금도 여전히 자기본위의 생활을 하는 부분이 아주 많이 남아 있습니다. 그리고 그 생활을 전부 포기할 생각을 하지 못해요. 그렇게 하면 엄청난 근심과 고통이 일어날 것을 알기 때문이지요."

참으로 슬픈 일입니다! 하나님의 자녀들이 하나님에 대해 그런 생각을, 그런 끔찍한 생각을 하였다는 것이 슬픕니다! 아, 나는 여러분에게 한 가지 메시지, 곧 두렵고 근심스러운 메시지를 전합니다. 하나님께서는 여러분에게 여러분의 힘으로 혹은 여러분의 의지의 힘으로 완전한 순종을 하라고 요구하시는 것이 아닙니다. 하나님은 기꺼이 여러분 안에 완전한 순종을 일으키시려고 합니다. 우리는 성경에서 이 말씀을 읽지 않습니까? "우리[너희] 안에서 행하시는 이는 하나님이시니 자기의 기쁘신 뜻을 위하여 너희에게 소원을 두고 행하게 하시느니라"(빌 2:13).

우리가 가서 하나님 앞에 엎드려 바로 이것을 구해야 합니다. 우리 마음이 영원한 하나님께서 친히 오셔서 그릇된 것을 드러내고 악한 것을 정복하시며, 하나님 보시기에 아주 좋은 것을 일으키시리라는 것을 믿는 법을 배울 때까지 구해야 합니다. 하나님께서 친히 완전한 순종을 여러분 안에 일으키실 것입니다.

아브라함과 같은 구약의 인물들을 봅시다. 여러분은 하나님께서 믿음의 조상이자 하나님의 벗인 이 사람을 만나신 것이 우연이었다고, 아브라함이 하나님과 상관없이 스스로 그런 믿음과 순종과 경건을 가졌다고 생각합니까? 그렇지 않다는 것을 여러분은 압니다. 하나님께서 그를 일으키시고 하나님의 영광을 위한 도구로 준비시키셨습니다. 하나님께서 바로에게 이렇게 말씀하시지 않았습니까? "내가 너를 세웠음은 나의 능력을 네게 보이려 하였음이라"(출 9:16). 그리고 만일 하나님께서 바로에 대해 그같이 말씀하셨다면 하나님의 모든 자녀에 대해서는 훨씬 더 그렇게 말씀하시지 않겠습니까?

나는 여러분을 격려하고 싶고, 여러분이 모든 두려움을 버리기를 바랍니다. 여러분이 품고 있는 소원이 약할지라도 그대로 오십시오. 여러분이 마음에 두려움이 있어서 이렇게 말할 수 있습니다. "아, 내 소원은 충분히 강하지 않습니다. 나는 일어날 수 있는 모든 일을 감당할 준비가 되어 있지 않아요. 내가 모든 것을 극복할 수 있다고 말할 만큼 용기 있다고 생각하지 않습니다."

여러분이 이렇게 말한다면, 제발 여러분은 지금 여러분의 하나님을 알고 신뢰하는 법을 배우도록 하십시오. 이렇게 말하십시오. "나의 하나님, 나는 주께서 나로 자원하게 만드시기를 원합니다." 여러분을 주저하게 만들거나 여러분이 내놓기 꺼려하는 어떤 희생이 있다면 지금 하나님께 와서 여러분의 하나님이 얼마나 은혜로운 분이신지 시험해 보십시오. 그리고 하나님께서 주시지 않는 것을 여러분에게 요구하실 것이라고 생각하지 마십시오.

하나님은 오셔서 여러분 안에 이 완전한 순종을 일으키겠다고 하십니다. 여러분 마음속에 있는 이 모든 탐색과 굶주림과 갈망, 나는 이것들이 거룩한 자석이신 예수 그리스도께서 끌어당기시는 일이라고 말씀드립니다. 예수님 자신이 완전한 순종의 생활을 하셨습니다. 예수께서 여러분을 소유하셨고, 그의 성령으로 말미암아 여러분 속에 살아계십니다. 여러분이 지독하게 성령을 훼방하고 또 훼방하였지만, 성령께서는 여러분이 성령님을 완전히 붙잡도록 도우려고 하십니다. 그리고 성령께서 오셔서 지금 여러분을 그의 메시지와 말씀으로 끌어당기십니다. 여러분은 와서 하나님께서 여러분 속에 이 완전한 순종을 일으켜 주실 것이라고 믿지 않겠습니까? 그렇습니다. 감사하게도 하나님께서는 그 일을 하실 수 있고 또 하려고 하십니다.

하나님께서 여러분의 순종을 받아들이십니다

세 번째 생각에 대해서 보겠습니다. 하나님은 완전한 순종을 요구하고 일으키실 뿐만 아니라 또한 우리가 완전한 순종을 드릴 때 받으십니다. 하나님께서 우리 마음의 은밀한 곳에서 완전한 순종을 일으키고 성령의 숨은 능력으로 말미암아 우리가 와서 그 사실을 거리낌 없이 말하도록 만드십니다. 그래서 우리는 하나님께 완전한 순종을 드리지 않을 수 없습니다. 그런데 여러분이 하나님께 완전한 순종을 드릴 때, 여러분의 감정이나 의식에 관한 한, 그것이 아주 불완전한 것일 수 있고 그래서 여러분이 의심을 품고 주저하며 "이 순종이 완전한 것인가?" 하고 말할 수 있다는 점을 기억하시기 바랍니다.

그리스도께서 일찍이 어떤 사람에게 이같이 말씀하신 것을 기억하십시오. "할 수 있거든이 무슨 말이냐 믿는 자에게는 능히 하지 못할 일이 없느니라"(막 9:23).

그러자 그 사람이 두려워서 소리쳤습니다. "내가 믿나이다 나의 믿음 없는 것을 도와 주소서"(9:24).

그렇게 마귀를 이긴 것은 믿음이었고, 악한 영이 쫓겨났습니다. 그래서 여러분이 와서 "주님, 내가 내 하나님께 완전히 나를 드립니다" 하고 말한다면, 비록 마음이 떨리고 "나는 능력이 없는 것 같아, 결단력이 없어, 확신을 느끼지 못하겠어"라는 생각이 들지라도 여러분의 말이 그대로 이루어질 것입니다. 두려워하지 마십시오. 여러분의 현재 모습 그대로 오십시오. 여러분이 떨고 있는 가운데서도 성령님의 능력이 일을 할 것입니다.

여러분은 인간 편에서 모든 것이 약하게 보일 때에도 성령께서 아주 능력 있게 일하신다는 교훈을 아직까지 배우지 못했습니까? 겟세마네에 계시는 주 예수 그리스도를 보십시오. 우리는 예수께서 "영원하신 성령으로 말미암아"(히 9:14) 자신을 하나님께 제물로 드리셨다는 말씀을 읽습니다. 전능하신 하나님의 영께서 예수님으로 하여금 그렇게 할 힘을 주고 계셨던 것입니다. 얼마나 무서운 고뇌와 두려움과 슬픔이 주님에게 엄습했으며, 주께서 얼마나 간절히 기도하셨습니까! 겉으로 볼 때 여러분은 성령의 강력한 능력이 나타나는 표시를 전혀 볼 수 없습니다. 그렇지만 하나님의 영께서 그 자리에 계셨습니다. 그래서 여러분이 연약하고 갈등하고 떨지라도 성령의 은밀한 능력을 믿고서 두려워하지 말고, 자신을 하나님께 맡기십시오.

여러분이 완전한 순종의 심정으로 자신을 드릴 때, 하나님께서 받으신다는 믿음으로 이제 자신을 드리십시오. 그것이 중요한 점입니다. 우리가 아주 종종 놓치는 것이 바로 그 점입니다. 즉, 신자는 순종의 문제에서 이렇게 하나님께 온 마음을 기울여야 한다는 것입니다. 제발 하나님께 온 마음을 기울이십시오. 우리 각 사람이 매일의 생활에서 하나님을 더 분명히 알게 되고 하나님께서 우리 안에서 정당한 위치를 차지하시며 "모든 것의 모든 것이" 되시도록 하는 도움을 얻기를 바랍니다.

우리가 생활에서 그런 도움을 얻고자 한다면 지금부터 자신에게서 눈을 돌려 하나님을 바라보기 시작합시다. 우리 각 사람은 이렇게 믿읍시다. 땅 위의 보잘것없는 벌레 같고, 실패와 죄와 두려움이 가득하여 떨고 있는 하나님의 자녀인 내가 여기서 엎드리고 있고 내 마음에 무슨 생각이 지나가든지 간에, 나는 단순하게 "하나님이시여, 내가 주님의 조건을 받아들입니다. 나는 내 자신과 다른 사람들에게 복을 내려주시기를 간구하였습니다. 나는 완전한 순종이라는 하나님의 조건을 받아들였습니다" 하고 말하는 동안, 여러분의 마음이 깊은 침묵 가운데서 그렇게 말하는 동안, 그 말에 주의하고 그 말을 자기 책에 적어 두시는 하나님이 임재해 계시다는 사실을 기억하십시오. 바로 그 순간에 여러분을 받아 소유하시는 하나님이 임재해 계시다는 사실을 기억하십시오. 여러분이 그 사실을 느끼지 못할 수 있고, 인식하지 못할 수도 있지만 여러분이 하나님을 신뢰한다면 하나님께서 여러분을 받으십니다.

하나님께서 여러분의 순종을 유지하십니다

네 번째 생각을 말씀드리겠습니다. 하나님께서는 우리에게 완전한 순종을 요구하고 또 일으키시며 우리가 완전한 순종을 드릴 때 받으실 뿐만 아니라 그것을 유지하시기도 합니다. 많은 사람들이 겪는 어려운 문제는 이것입니다. 사람들은 말합니다.

> "나는 종종 어떤 모임 혹은 집회에서 감동을 받았습니다. 그래서 하나님께 헌신하였는데, 이제는 그 감동이 사라져 버렸습니다. 나는 감동이 한 주 혹은 한 달 동안 지속될 수 있지만 어렴풋해지다가 잠시 후에는 완

전히 사라져 버린다는 것을 압니다."

그러나 들어보십시오! 그것은 여러분이 내가 지금 여러분에게 말하고 상기시키려고 하는 것을 믿지 않기 때문입니다. 하나님께서 여러분 속에 완전한 순종을 일으키는 일을 시작하셨을 때, 그리고 하나님께서 여러분의 순종을 받아들이셨을 때, 하나님은 반드시 거기에 관심을 갖고 그것을 유지시키십니다. 여러분은 그 사실을 믿을 마음이 있습니까?

이 순종의 문제에는 다음 두 가지가 있습니다. 하나님과 내가 있습니다. 즉, 벌레인 내가 있고, 영원하고 전능하신 여호와께서 계십니다. 벌레여, 당신은 지금 이 전능하신 하나님께 자신을 맡기기를 두려워할 것입니까? 하나님은 여러분을 맡으실 뜻이 있습니다. 여러분은 하나님께서 여러분을 끊임없이 곧 매일, 매순간 여러분을 지키실 수 있다는 것을 믿지 못합니까?

　　순간순간 나는 그의 사랑 안에서 보호를 받네.
　　순간순간 나는 위로부터 생명을 받네.

하나님이 해가 매순간 끊임없이 여러분에게 비치도록 허락하신다면 매 순간 하나님의 생명이 여러분에게 비치도록 하시지 않겠습니까? 그러면 왜 여러분은 그것을 경험하지 못한 것입니까? 하나님께서 그렇게 하실 것을 믿지 않았고 그래서 그런 믿음으로 자신을 하나님께 완전히 드리지 않기 때문입니다.

완전한 순종의 생활에는 어려운 점들이 있습니다. 나는 그 사실을 부인하지 않습니다. 그렇습니다. 완전한 순종의 생활에는 단순히 어려운 것에 그치는 것이 아니라 훨씬 그 이상의 어떤 것이 있습니다. 그것은 사람들에게 절대적으로 불가능한 생활입니다. 그러나 그것은 하나님의 은혜로 인해, 하나님의 능력으로 인해, 우리 안에 거하시는 성령님의 권능으로 인해 우리가 도달하게 되어 있는 생활이고, 감사하게도 우리에게 가능한 생활입니다! 하나님께서 그 생활을 유지하시려고 한다는 사실을 믿읍시다.

여러분 가운데는 90세의 생일에 자기에게 베푸신 하나님의 모든 선하심에 대해서 이야기한 그 나이든 성도의 말을 읽은 사람들이 있을 것입니다. 나는 지금 조지 뮬러[1](George Muller)에 대해서 이야기하고 있습니다. 그가 자신의 행복의 비결이자 하나님께서 그에게 주신 모든 복의 비결을 무엇이라고 하였습니까? 거기에는 두 가지 비결이 있는 것으로 믿는다고 하였습니다. 한 가지는 자신이 은혜로 하나님 앞에서 날마다 선한 양심을 유지할 수 있었다는 것이고, 다른 한 가지는 자신이 하나님의 말씀을 사랑하였다는 것입니다. 아, 그렇습니다. 선한 양심은 날마다 하나님께 완전한 순종을 드리고, 날마다 하나님의 말씀과 기도로 하나님과 교제를 갖습니다. 그것이 완전한 순종의 생활입니다.

그런 생활에는 두 가지 면이 있습니다. 한편에는 하나님께서 여러분

---

1. 조지 뮬러(George Muller, 1805-1898)는 프로이센 태생의 영국 복음전도자이자 박애주의자로, 브리스톨에 고아원을 세웠고 국내와 해외에 성경지식협회(The Scriptural knowledge Institution)를 설립하였다.

이 행하기를 바라시는 바를 행하는 완전한 순종이 있고, 다른 한편에는 하나님께서 그분이 행하기를 바라시는 바를 행하시도록 하는 완전한 순종이 있습니다.

하나님께서 여러분이 행하기를 바라시는 바에 순종하십시오.
첫째로, 하나님께서 여러분이 행하기를 바라시는 바를 행하는데 순종해야 합니다.

자신을 하나님의 뜻에 완전히 맡기십시오. 여러분이 모든 것을 아는 것이 아니고 충분히 아는 것도 아니지만 하나님의 뜻을 다소 압니다. 그러나 주 하나님께 확고하게 말하십시오. "주님의 은혜로 내가 날마다 매 순간 모든 일에서 주님의 뜻을 행하기를 바랍니다." 이렇게 말하십시오.

"주 하나님, 내 입의 말 때문이 아니라 주님의 영광을 위하여, 내 기분의 움직임 때문이 아니라 주님의 영광을 위하여, 내 마음의 애정이나 미움 때문이 아니라 주님의 영광을 위하여, 주님의 복되신 뜻을 따라 행하기를 바랍니다."

어떤 사람은 "그것이 가능한 일이라고 생각합니까?" 하고 말합니다.
나는 묻습니다. "하나님께서 당신에게 무엇을 약속하셨고, 자신을 완전히 하나님께 드린 사람을 채우기 위해 무엇을 하실 수 있습니까?" 아, 하나님은 여러분의 예상을 뛰어넘어 여러분에게 복을 베풀기 원하십니다. 하나님께서 자기를 기다리는 자들을 위해 준비하신 것은 듣지도 보지도 못한 것입니다. 하나님은 듣지 못한 일들을 준비하셨습니다.

즉, 여러분이 상상할 수 있는 것보다 훨씬 더 놀랍고 여러분이 생각할 수 있는 것보다 더 위대한 복들을 준비하셨습니다. 그 복들은 거룩한 복들입니다. 지금 이렇게 말하십시오. "나는 자신을 완전히 하나님께, 하나님의 뜻에, 하나님께서 기뻐하시는 일만 행하는데 드립니다."

여러분이 그 순종을 실행할 수 있게 만드실 분은 하나님이십니다.

순종은 하나님께서 그분이 행하기를 바라시는 바를 행하시도록 하는 것입니다.

그리고 다시 이렇게 말하십시오. "나는 자신을 완전히 하나님께 드려서, 하나님께서 행하겠다고 약속하신 대로 자신의 선하고 기쁘신 뜻을 내 안에 일으키고 또 행하시도록 맡깁니다."

그렇습니다. 살아계신 하나님께서는 자기 자녀들 안에서 우리가 이해할 수 없지만 하나님의 말씀이 계시하신 방식으로 일하기를 바라시고, 매일 매순간 우리 안에서 일하기를 원하십니다. 하나님께서는 기꺼이 우리의 생명을 유지하기를 원하십니다. 그러니 우리는 다만 어린아이 같이 단순하고 무한한 신뢰심을 갖고 하나님께 완전한 순종을 드리기만 합시다.

여러분이 순종할 때 하나님께서 복을 베푸십니다

끝으로 생각할 점을 살펴봅시다. 이렇게 하나님께 드리는 완전한 순종이 놀라운 복을 우리에게 가져다줄 것입니다. 아합이 자기의 원수인 벤하닷 왕에게 한 말, 곧 "내 주 왕이여 왕의 말씀 같이 나와 내 것은 다 왕의 것이니이다"(왕상 20:4)라는 말을 우리가 우리의 하나님, 사랑하는 아버지께 말씀드려야 하지 않겠습니까? 그렇게 말하면 하나님의 복이 우리에게 임할 것입니다. 하나님은 우리가 세상으로부터 구별되기를 바라십니다. 우리는 하나님을 미워하는 세상으로부터 나오라고 부름을 받습니다. 하나님을 위하여 나와서 이렇게 말하십시오. "주님, 무엇이든지 다 주님의 것입니다." 여러분이 기도로 그 말을 하고 하나님의 귀에다 말씀을 드리면 하나님께서 그 말을 받고 그 말이 의미하는 바가 무엇인지 여러분에게 가르쳐 주실 것입니다.

다시 한 번 말씀드리지만, 하나님께서 여러분에게 복을 주실 것입니다. 여러분은 지금까지 복을 베풀어 주시라고 기도해 왔습니다. 그러나 복을 받으려면 완전한 순종이 있어야 한다는 사실을 기억하시기 바랍니다. 여러분은 차 탁자를 대할 때마다 거기에서 완전한 순종을 봅니다. 왜 차를 찻잔에 붓습니까? 찻잔이 비어 있고 차를 받기 위해 자리를 내주었기 때문입니다. 그러나 찻잔에 잉크나 식초 혹은 포도주를 부어 보십시오. 그러면 사람들이 찻잔에 차를 붓겠습니까? 여러분이 자신을 완전히 하나님께 맡기지 않는다면 하나님께서 여러분을 채우실 수 있겠습니까? 여러분에게 복을 베푸실 수 있겠습니까? 하실 수 없습니다. 만일 우리가 하나님의 뜻을 따르려 하고 비록 의지가 흔들리긴 하지만 믿는 마음으로 "하나님이여, 제가 주님의 요구를 받아들입니다. 나와 내 것은 다 주님의 것입니다. 내 영혼이 하나님의 은혜로 주께 드리는 것은 완전한 순종입니다" 하고 말하기만 한다면, 하나님께서 우리에게 놀라운 복을 베푸신다는 것을 믿읍시다.

여러분이 바라는 것과 다르게 그처럼 강하고 분명한 구원의 느낌을 갖지 못할지라도, 주님 앞에서 겸손하고 자신이 완고와 자만심, 자기 노력으로 성령님을 슬프시게 하였다는 것을 인정할 수가 있습니다. 하나님 앞에서 그 사실을 고백하며 겸손히 엎드리고, 하나님께 마음을 깨트리고 하나님 앞에서 티끌과 같이 낮아지게 해 달라고 구하십시오. 그렇게 하나님 앞에 엎드릴 때, 여러분의 육신 안에 "선한 것이 거하지 아니하고"(롬 7:18), 우리 속에 들어와야 하는 또다른 생명 외에는 아무것도 여러분을 돕지 못할 것이라는 하나님의 교훈을 받아들이기만 하십시오. 여러분은 자기를 단호히 부인해야 합니다. 자기를 부인하는 것이 매순간 여러분에게 생명의 힘이 되어야 합니다. 그러면 그리스도께서 오셔서 여러분을 받으실 것입니다.

베드로는 언제 구원을 받았습니까? 언제 변화가 일어났습니까? 그 변화는 베드로가 우는 것으로부터 시작되었고, 그때 성령께서 오셔서 그의 마음을 채우셨습니다.

하나님 아버지께서는 우리에게 성령의 능력을 주기를 기뻐하십니다. 우리는 하나님의 영을 우리 속에 모시고 있습니다. 우리는 하나님께 와서 그 사실을 고백하고 그 사실을 인해서 하나님을 찬송합니다. 그러면서도 또 우리가 어떻게 성령님을 슬프시게 했는지 고백합니다. 그 다음에 우리는 하나님 아버지께 무릎을 꿇고서 우리 속사람 안에 계시는 성령으로 말미암아 전능하신 능력으로 우리에게 힘주시기를 구하고, 성령의 큰 능력으로 우리를 채워 주시기를 구합니다. 성령께서 우리에게 그리스도를 계시하실 때 그리스도께서 오셔서 우리 마음속에서 영원히 사십니다. 그러면 자기본위의 생활은 쫓겨납니다.

하나님 앞에 겸손히 엎드려 교회 전체의 상태를 고백합시다. 땅 위에 있는 그리스도 교회의 슬픈 상태는 어떤 말로도 다 표현할 수 없습니다. 나는 때때로 땅 위의 그리스도 교회의 상태에 대해 느끼는 바를 표현할 수 있는 말이 생각나면 좋겠습니다. 여러분 주위의 그리스도인들을 한 번 생각해 보십시오. 나는 지금 이름뿐인 그리스도인들이나 자칭 그리스도인이라고 하는 사람들을 말하는 것이 아니라 정직하고 열심이 있지만 하나님의 능력으로 살거나 하나님의 영광을 위하여 살고 있지 않은 많은 그리스도인들을 말합니다. 이들에게는 능력이 거의 없고 경건이나 하나님께 대한 헌신이 없으며, 그리스도인은 하나님의 뜻에 완전히 순종하는 사람이라는 진리에 대한 인식도 거의 없습니다! 우리가 주변의 하나님 백성들의 죄를 고백하며 겸손해지기를 원합니다. 우리는 병든 몸의 지체들입니다. 그래서 하나님께 와서 죄를 고백하며 세상적인 마음과 서로에 대한 냉랭한 마음을 버리지 않는 한, 자신을 하나님께 전적으로 그리고 완전히 드리지 않는 한, 몸의 병 때문에 우리는 훼방을 받고 무너질 것입니다.

사람들이 그리스도의 일을 육신의 정신과 자기의 능력으로 행하는 경우가 얼마나 많은지 모릅니다! 그리스도의 일이라고 하면서 매일 인간의 에너지, 곧 일에 대한 우리의 의지와 생각이 끊임없이 나타나고, 하나님을 바라고 성령의 능력을 의지하는 법이 거의 없는 경우가 얼마나 많은지 모릅니다! 우리의 모든 상태를 고백합시다. 교회의 상태를 고백하고 우리 가운데서 행해지고 있는 하나님을 위하는 일의 약함과 죄 됨을 고백하면서 우리 자신을 돌아봅시다. 자기본위의 생활의 힘으로부터 구원받기를 정말로 갈망하는 사람, 자기본위의 생명이란 바로 자기와 육신의 능력이라는 것을 진심으로 인정하는 사람, 모든 것을 그리스도의 발 앞에 기꺼이 내던질 사람이 있습니까? 거기에 구원이 있습니다.

나는 착실한 그리스도인이라고 하면서 분리와 죽음을 "끔찍한" 것으로 말했다고 하는 사람에 대해서 들었습니다. 여러분은 그렇게 생각하지 않지요? 우리는 분리와 죽음에 대해 어떻게 생각해야 합니까? 그것은 이렇습니다. 그리스도께는 죽음이 영광으로 가는 길이었습니다. 그리스도께서는 자기 앞에 놓인 즐거움을 위하여 십자가를 참으셨습니다. 십자가는 그리스도의 영원한 영광이 발생하는 곳이었습니다. 여러분은 그리스도를 사랑합니까? 여러분은 그리스도 안에 있으면서 그리스도를 닮지 않기를 바라십니까? 여러분은 죽음을 이 땅에서 가장 바람직한 일로 여기십시오. 죽음은 자기에 대해서 죽고 그리스도와 연합하는 것입니다. 분리, 말하자면 여러분은 세상에 전혀 얽매이지 않도록 분리되고, 그 분리로 말미암아 하나님과 하나님의 사랑에 연합되며, 그 분리로 말미암아 매일 하나님과 함께 살고 행할 수 있게 되는 것이 어려운 일이라고 생각합니까? 어떤 사람은 확실히 이렇게 말할 것입니다. "나를 분리로, 죽음으로 데려가는 것은 무엇이든지 하나님과 그리스도와 함께 하는 충만한 사귐의 생활로 이끈다."

와서 자기본위의 생활과 육신의 생활을 예수님의 발 앞에 던지십시오. 그러고 나서 그리스도를 의지하십시오. 그에 관한 모든 것을 이해하려고 고생하지 말고, 다만 그리스도께서 여러분 속에 그의 죽음의 능력과 그의 생명의 능력을 가져다주실 것이라는 성생한 믿음을 가지고 오십시오. 그러면 성령께서 완전한 그리스도, 곧 십자가에 못 박히고 부활하여 영광 가운데 살아계신 그리스도를 여러분 마음속에 모셔올 것입니다.

제 2 장

성령의 열매는 사랑이라

나는 성령으로 충만한 생명의 사실을 실제적인 측면에서 좀 더 살펴보고, 이 생명이 어떻게 우리 매일의 생활과 행위에서 나타나는지 보고 싶습니다.

여러분은 구약에서 성령이 하나님의 신비들을 계시하시는 하나님의 계시의 영으로서 혹은 하나님의 일을 행할 수 있는 능력으로서 종종 사람에게 임하셨다는 것을 압니다. 그러나 그때는 성령께서 사람들 안에 거하시지 않았습니다. 그런데 많은 사람들이 일을 할 수 있는 능력이라는 구약의 선물을 받기 원하지만 삶 전체에 생명을 불어넣고 새롭게 하는 성령의 내주하심이라는 신약의 선물에 대해서는 거의 아무것도 모릅니다. 하나님께서 성령을 주실 때 큰 목적은 거룩한 성품을 형성하는 것입니다. 그것은 거룩한 지성과 영적인 성향이라는 선물입니다. 그리고 다른 무엇보다 우리에게 필요한 것은 이렇게 말하는 것입니다. "내가 정말로 하나님의 영광을 위하여 살려고 한다면 나의 내적인 생명을 온통 거룩하게 하시는 성령님이 반드시 계셔야 합니다."

여러분은 그리스도께서 제자들에게 성령을 주겠다고 약속하셨을 때 제자들이 증인 노릇을 할 수 있는 능력도 받게 한다고 약속하신 것이라고 말할 수 있습니다. 그렇습니다. 그러나 그때는 제자들이 성령을 지극히 신성한 능력과 실체로서 받았습니다. 그래서 주님은 제자들의 전부를 취하시고 또한 그렇게 해서 그들을 거룩한 사람들로서 증인 노릇을 해야 할 때 능력 있게 그 일을 행할 수 있게 하셨습니다. 그리스도께서는 제자들에게 능력에 대해 말씀하셨지만 그 능력을 작동시키는 것은 바로 그들의 존재를 채우시는 성령이셨습니다.

나는 이제 갈라디아서 5:22에 나오는 구절을 깊이 생각해 보고 싶습니다. "성령의 열매는 사랑이라."

우리는 "사랑은 율법의 완성이니라"(롬 13:10)는 말씀을 읽습니다. 나는 두 가지 목적을 가지고서 성령의 열매인 사랑에 대해 이야기하려고 합니다. 한 가지 목적은 이 말씀이 우리 마음속에서 탐조등이 되어 성령에 관한 우리의 모든 생각과 거룩한 생활에 대한 우리의 모든 경험을 조사하는 시험이 되도록 하는 것입니다. 이 말씀으로 우리 자신을 조사해 봅시다. 자신이 사랑의 영이신 성령으로 충만한지 조사하는 이것이 우리의 매일의 습관이었습니까? "성령의 열매는 사랑이라." 우리가 성령을 받으면 받을수록 그만큼 더 우리가 사랑하게 된다는 것이 그동안에 우리의 경험이었습니까? 성령을 주시라고 구할 때, 이것을 우리의 기대하는 첫 번째 목적으로 삼아야 합니다. 성령께서는 사랑의 영으로 오십니다.

아, 이것이 그리스도의 교회 안에서 사실이라면 교회의 상태는 참으로 다를 것입니다! 하나님께서 우리가 이 단순한 하늘의 진리를 붙잡을 수 있도록 도와주시기를 구합니다. 즉, 성령의 열매는 생활에서 나타나는 사랑이고, 성령께서 생활을 실제로 점유하실 때 마음이 거룩하고 보편적인 참사랑으로 가득 차게 되리라는 것입니다.

두 번째 목적은 하나님께서 자기 교회에 복을 베푸실 수 없는 중대한 이유들 가운데 하나가 사랑의 부족이라는 점을 보여주는 것입니다. 몸이 나뉘게 되면 힘이 있을 수 없습니다. 종교 전쟁의 시기에 네덜란드가 스페인에 대해 아주 씩씩하게 저항했을 때, 네덜란드 국민들의 표어 중의 하나는 "통일이 힘이다"는 것이었습니다.

하나님의 백성들이 하나님께 구하는 복을 얻을 수 있는 힘을 갖는 것은, 그들이 한 몸으로 설 때, 하나님 앞에서 사랑의 교제로 하나가 되고 깊은 애정으로 서로를 향해서 하나가 되며, 세상 앞에서 세상이 볼 수 있는 사랑으로 하나가 될 때, 오직 그때뿐입니다. 하나의 전체로 있어야 하는 그릇이 여러 조각으로 깨어지면 그 그릇이 채워질 수 없다는 점을 기억하십시오. 여러분은 그릇의 한 조각을 취해서 거기에 물을 조금 부을 수 있습니다. 그러나 그 그릇을 가득 채우고 싶다면 그릇이 완전해야 합니다.

이 사실은 그리스도의 교회에 그대로 적용됩니다. 우리가 지금도 기도로 구해야 하는 한 가지가 있다면, 바로 이것입니다. 주님, 우리를 성령의 능력으로 녹여서 하나가 되게 하여 주옵소서. 오순절에 하나님 백성 모두를 한 마음 한 뜻이 되게 만드셨던 성령께서 우리 가운데 그의 복되신 일을 행하여 주옵소서. 감사하게도 우리는 거룩한 사랑으로 서로를 사랑할 수 있습니다. "성령의 열매는 사랑이기" 때문입니다. 열심히 사랑하십시오. 그러면 성령께서 오실 것입니다. 성령을 받으십시오. 그러면 성령께서 여러분을 더욱 사랑하도록 가르치실 것입니다.

하나님은 사랑이십니다

그러면 왜 성령의 열매가 사랑입니까? 하나님이 사랑이시기 때문입니다.

그 말이 무슨 뜻입니까?

자신을 주기를 기뻐하시는 것이 하나님의 본성이자 본질입니다. 하나님은 이기심이 없으십니다. 하나님은 아무것도 자기 것으로 붙들어 두려고 하시지 않습니다. 하나님의 본성은 언제나 주시는 것입니다. 해와 달과 별들에서, 모든 꽃에서, 공중의 모든 새들에서, 바다의 모든 물고기들에서 여러분은 그 사실을 봅니다. 하나님은 자기 피조물들에게 생명을 주십니다. 그리고 하나님의 보좌 주위의 천사들, 곧 불꽃 같은 스랍과 그룹들, 이들이 자기 영광을 어디에서 얻습니다. 그것은 하나님이 사랑이시고, 하나님이 그들에게 하나님의 찬란함과 복됨을 나누어 주시기 때문입니다. 그리고 하나님은 우리에게, 곧 하나님의 구속 받은 자녀들인 우리에게 그의 사랑을 부어주시기를 기뻐하십니다. 왜 그렇습니까? 앞에서 말했듯이 하나님은 아무것도 자신에게 붙들어 두려고 하시지 않기 때문입니다. 영원부터 하나님께는 독생자가 계셨습니다. 아버지 하나님께서는 아들에게 만물을 주셨습니다. 하나님에게 있는 것 가운데 아들에게 주시지 않은 것이 하나도 없었습니다.

옛날 교부들 가운데 한 사람이 우리가 삼위일체를 거룩한 사랑의 계시로서 이해하는 것보다 더 잘 이해할 수는 없다고 말했습니다. 성부 하나님은 사랑하시는 분이시고 사랑의 원천이십니다. 성자 하나님은 사랑받으시는 분이고 사랑을 부음 받은 사랑의 저수지이십니다. 그리고 성령 하나님은 성부와 성자를 연합시키시고 그 다음에 이 세상에 넘치도록 흘러들어 오신 살아있는 사랑이십니다. 오순절의 성령, 아버지의 영이요 아들의 영이신 성령은 사랑이십니다. 그리고 성령께서 우리와 다른 사람들에게 오실 때, 성령께서 하나님 안에 계실 때보다 못한 사랑의 영이 되시겠습니까? 그럴 수 없습니다. 성령님은 자기의 본성을 바꾸실 수 없습니다. 하나님의 영은 사랑이십니다. 그리고 "성령의 열매는 사랑입니다."

사람은 사랑이 필요합니다

왜 그렇습니까? 사랑이 인류에게 가장 필요한 것이었고, 그리스도의 구속이 와서 이룬 것도 바로 그것이었습니다. 즉, 이 세상에 사랑을 회복시키는 것이었습니다.

사람이 죄를 지었을 때, 왜 죄를 지었습니까? 이기심이 승리하였기 때문입니다. 사람이 하나님보다 자기를 추구하였기 때문입니다. 한 번 봅시다! 아담은 아내가 자기를 타락시켰다고 비난하기 시작합니다. 하나님께 대한 사랑이 사라졌고 사람에 대한 사랑도 상실하였습니다. 다시 한 번 봅시다. 아담의 처음 두 자녀들 가운데 한 사람이 자기 형제의 살인자가 됩니다.

이 사실은 우리에게 죄가 세상에서 사랑을 앗아갔다고 가르치지 않습니까? 이 세상 역사가 사랑을 상실하였다는 사실을 얼마나 놀랍게 증언해 왔는지 모릅니다! 이교도들 가운데서도 사랑을 보여주는 아름다운 예들이 있었을 수 있습니다. 그러나 그것은 잃어버린 것의 작은 자투리로서만 존재하였을 뿐입니다. 죄가 사람에게 저지른 가장 악한 일들 가운데 한 가지는 사람을 이기적으로 만든 것이었습니다. 이기심은 사랑을 할 수 없기 때문입니다.

주 예수 그리스도께서는 하나님의 사랑하시는 아들로 하늘에서 내려오셨습니다. "하나님이 세상을 이처럼 사랑하사 독생자를 주셨으니." 사랑이 무엇인지 보여주시기 위해 하나님의 아들이 오셨습니다. 하나님의 아들은 여기 이 땅에서 자기 제자들과 교제하는 데서, 가난한 자들과 비참한 자들에게 동정을 베푸는 데서, 자기 원수들마저도 사랑하는 데서 사랑의 삶을 사셨습니다. 그리고 사랑의 죽음을 죽으셨습니다. 그리고 하나님의 아들이 하늘에 가셨을 때 누구를 내려 보내셨습니까? 사랑의 영이 오셨습니다. 이기심과 시기와 교만을 내쫓고 하나님의 사랑을 사람들의 마음속에 가져오기 위해 오셨습니다. "성령의 열매는 사랑이니라."

그러면 성령의 약속을 받기 위한 준비는 무엇이었습니까? 여러분은 그 약속이 요한복음 14장에 나온다는 것을 압니다. 그러나 13장에서 무엇이 먼저 나오는지 기억하십시오. 그리스도께서 성령을 약속하시기 전에 새 계명을 주셨고, 그 새 계명에 대해 놀라운 사실들을 말씀하셨습니다. 한 가지는 이것이었습니다. "내가 너희를 사랑한 것 같이 너희도 서로 사랑하라." 제자들에게 주님의 죽으시는 사랑이 서로에 대한 그들의 행위와 교제의 유일한 법이 될 것이었습니다. 그 어부들에게, 곧 교만과 이기심이 가득한 그들에게 그것은 놀라운 메시지였습니다! 그리스도께서는 "내가 너희를 사랑한 것 같이 너희도 서로 사랑하는 법을 배우라"고 말씀하셨습니다. 그리고 하나님의 은혜로 주님의 제자들은 서로 사랑하는 법을 배웠습니다. 오순절이 되었을 때, 그들은 한마음 한뜻이 되었습니다. 그리스도께서 그들을 위해 그 일을 행하셨습니다.

이제 주님은 우리에게 사랑 안에 거하고 사랑으로 행하라고 요구하십니다. 주님께서는 비록 사람이 여러분을 미워할지라도 여전히 그를 사랑하라고 요구하십니다. 참된 사랑은 하늘에 있는 것이나 땅에 있는 그 어떤 것에 의해서도 정복될 수 없습니다. 증오가 있으면 있을수록 그만큼 더 사랑은 그 모든 것을 통해 승리하고 그것의 참된 성격을 보여줍니다. 바로 이것이 그리스도께서 자기 제자들에게 발휘하라고 명령하신 사랑입니다.

주께서 무슨 말씀을 더 하셨습니까? "너희가 서로 사랑하면 이로써 모든 사람이 너희가 내 제자인 줄 알리라"(요 13:35).

여러분은 배지를 달고 다닌다는 것이 무엇인지 압니다. 그리스도께서는 사실상 제자들에게 이렇게 말씀하셨습니다.

내가 너희에게 배지를 주는데, 그 배지는 사랑이다. 사랑이 너희의 표지가 되어야 한다. 하늘이나 땅에서 사람들로 나를 알아볼 수 있게 하는 유일한 것이 바로 사랑이다.

우리는 사랑이 세상에서 사라져 버린 것이 아닌가 하고 두려워하기 시작하지 않습니까? 만일 우리가 세상에게 "당신들은 우리가 사랑의 배지를 달고 다니는 것을 본 적이 있느냐?"고 묻는다면 세상이 "아니, 우리가 지금까지 그리스도의 교회에 대해서 들은 말은 다툼과 분열이 없는 곳은 없다는 것이다"라고 말할까 두려워하지 않습니까? 우리는 하나님께 우리가 예수님의 사랑의 배지를 달고 다닐 수 있게 해주시기를 한마음으로 구합시다. 하나님은 사랑의 배지를 주실 수 있습니다.

사랑이 이기심을 이깁니다

"성령의 열매는 사랑이라." 왜 그렇습니까? 사랑 외에는 아무것도 우리의 이기심을 쫓아내지도, 정복하지도 못하기 때문입니다.

자아는 하나님과의 관계에서든 아니면 일반적으로 다른 모든 사람들이나 다른 그리스도인들과의 관계에서든 자신을 생각하고 자기의 것을 추구하는 큰 저줏거리입니다. 자아는 우리에게 있어 가장 큰 저줏거리입니다. 그러나 감사하게도 그리스도께서 우리를 자아로부터 구속하기 위해 오셨습니다. 우리는 때로 자기본위의 생활로부터 구원받는 것에 관해 이야기하며 그로부터 구원받는 것에 관해 우리에게 도움이 될 수 있는 말을 들을 때마다 하나님께 감사드립니다. 그런데 나는 자기본위의 생활로부터 구원받는다는 의미를 자기들이 이제는 하나님을 섬기는 일에 더 이상 아무런 고생이 없을 것으로 생각하는 사람들이 있지 않을까 걱정입니다. 이들은 자기본위의 생활로부터 구원받는다는 것은 하루 종일 모든 사람에게 베푸는 사랑으로 넘치는 그릇이 된다는 의미임을 망각합니다.

거기에서 여러분은 왜 많은 사람들이 성령의 능력을 받기를 기도해서 무엇인가를 받지만, 너무도 적게 받는 이유를 발견하게 됩니다! 그들은 일을 할 수 있는 능력과 복을 얻을 수 있는 능력을 위해 기도하였지만 자아로부터 완전히 구원받을 수 있는 능력을 구하는 기도는 하지 않았기 때문입니다. 여기서 자아란 하나님과의 교제에서 의로운 자아일 뿐만 아니라 사람들과의 관계에서 사랑하지 않는 자아도 의미합니다. 그런데 그런 자아로부터 해방시켜 주는 구원이 있습니다. "성령의 열매는 사랑이라." 나는 여러분에게 그리스도께서 우리의 마음을 사랑으로 채우실 수 있다는 그리스도의 영광스런 약속을 제시합니다.

우리 가운데 아주 많은 사람들이 때때로 사랑하려고 무척 노력합니다. 우리는 억지로 사랑하려고 노력합니다. 나는 그것이 잘못되었다고 말하지 않습니다. 그것은 아무것도 하지 않는 것보다는 낫습니다. 그러나 그런 노력의 결말은 언제나 아주 슬픕니다. 그런 사람은 "나는 계속해서 실패해"라고 털어놓지 않을 수 없습니다. 그 이유가 무엇입니까? 그 이유는 간단히 말하자면 이것입니다. 즉, 그들이 성령께서 그들의 마음에 하나님의 사랑을 부으실 수 있다는 진리를 믿고 받아들이는 법을 배우지 못했기 때문이라는 것입니다. 사람들은 이 복된 본문을 종종 제한적으로 생각해 왔습니다! "하나님의 사랑이 우리 마음에 부은 바 됨이라"(롬 5:5). 이 본문은 종종 이런 의미로 이해되었습니다. 즉, 그것은 내게 대한 하나님의 사랑을 의미한다고 말입니다. 아, 그렇게 본다면 그것은 본문의 의미를 너무나 제한하는 것이 됩니다! 그것은 시작일 뿐입니다. 하나님의 사랑은 언제나 내주하는 능력으로서 완전하고 충만한 사랑입니다. 사랑하는 마음으로 기쁘게 뛰어 하나님께 돌아가게 만드는 하나님의 사랑입니다. 내게 대한 하나님의 사랑과 하나님께 대한 나의 사랑, 다른 사람들에 대한 나의 사랑 안에서 다른 사람들에게 넘치게 흘러들어가는 하나님의 사랑입니다. 이 세 가지 사랑은 하나입니다. 여러분은 이 셋을 뗄 수 없습니다.

여러분은 하나님의 사랑이 여러분의 마음과 내 마음에 부어져서 우리가 종일 사랑할 수 있다고 믿습니까?

여러분은 "아, 나는 그 말을 잘 알지 못하겠습니다" 하고 말합니다.

왜 어린 양은 언제나 유순합니까? 그것이 양의 본성이기 때문입니다. 어린 양이 유순하기 위해서 조금이라도 무슨 수고를 해야 합니까? 그렇지 않습니다. 왜 그렇습니까? 양은 본래 그처럼 곱고 유순하기 때문입니다. 양이 유순하기 위해서 공부를 해야 합니까? 아닙니다. 양은 왜 그렇게 얌전합니까? 그것이 양의 본성입니다. 이리를 한 번 생각해 봅시다. 왜 이리는 무자비하게 굴고 불쌍한 어린 양을 물어뜯는 일을 조금도 힘들어하지 않습니까? 그것이 이리의 본성이기 때문입니다. 그렇게 하기 위해서 용기를 낼 필요가 없습니다. 거기에 이리의 본성이 있습니다.

그러면 나는 어떻게 사랑하는 법을 배울 수 있습니까? 성령께서 내 마음을 하나님의 사랑으로 채우기 전에는 배울 수 없습니다. 내가 자신을 위한 위안과 기쁨과 행복과 즐거움으로서 하나님의 사랑을 이기적으로 구했던 것과는 전혀 다른 의미로 하나님의 사랑을 열망하기 시작하기 전까지는 배울 수 없습니다. "하나님은 사랑이시라"는 것을 배우고 그 사랑을 요구하며 자기희생을 시행할 수 있도록 내주하는 능력으로서 그 사랑을 받기 시작하기 전에는 배울 수 없습니다. 나의 영광, 나의 복은 내 모든 것을 다른 사람들을 위하여 내어주는 일에서 하나님을 닮고 그리스도를 닮는 것임을 알기 시작하기 전에는 배울 수 없습니다.

하나님께서 우리에게 사랑하는 법을 가르쳐 주시기를 구합니다! 성령께서 우리 마음을 그 거룩하고 복된 사랑으로 채워 주시기를 바랍니다! "성령의 열매는 사랑이라."

사랑은 하나님의 선물입니다

다시 한 번 묻습니다. "왜 사랑이 하나님의 선물이어야 합니까?" 내 답변은 이것입니다. 이것이 없이는 우리가 매일 사랑의 삶을 살 수 없기 때문입니다.

우리가 헌신한 삶에 대해서 이야기할 때 자주 기질에 대해서 이야기하지 않을 수 없습니다. 그래서 어떤 사람들은 때로 내게 "당신은 기질을 너무 중시한다"는 말을 했습니다.

나는 우리가 기질을 아무리 강조해도 지나치다고 생각하지 않습니다. 잠깐 시계에 대해서, 그리고 시계의 바늘들이 의미하는 바에 대해서 생각해 봅시다. 시계의 바늘들은 시계 안에 무슨 일이 일어나고 있는지 말해줍니다. 만일 시계 바늘이 가만히 서 있거나 바늘이 잘못 가리키고 있거나 혹은 시계가 느리거나 빠른 것을 본다면, 나는 시계 안에 있는 무엇인가가 제대로 작동하고 있지 않다고 말합니다. 기질은 시계가 그 안에서 무슨 일이 일어나고 있는지에 대해서 알려주는 계시와 같은 것입니다. 기질은 그리스도의 사랑이 마음을 채우고 있는지 아닌지를 보여주는 증거입니다. 아내와 자녀와 종업원과 함께 지내는 매일의 생활에서보다는 교회나 기도회나 주님을 위한 일에서 거룩하고 행복하게 지내는 것을 더 쉽게 느끼는 사람들이 아주 많습니다! 가정 안에서보다는 가정 밖에서 거룩하고 행복하게 지내는 것을 더 쉽게 여기는 사람들이 아주 많습니다! 하나님의 사랑이 어디에 있습니까? 그리스도 안에 있습니다. 하나님께서 그리스도 안에 우리를 위해 놀라운 구속을 준비하셨고, 우리를 초자연적인 어떤 존재로 만들기를 바라십니다. 우리가 그렇게 되기를 바라고 구하며 완전히 기대하기를 배운 적이 있습니까?

그 다음에 혀가 있습니다! 때로 우리는 더 나은 생활, 평온한 생활을 이야기할 때 혀에 대해서 이야기합니다. 그런데 많은 그리스도인들이 자기 혀에 대해서 얼마나 무제한의 자유를 주는지 한 번 생각해 보십시오. 그들은 이렇게 말합니다. "나는 내가 좋아하는 것을 생각할 권리가 있어."

많은 그리스도인들이 서로에 관해 이야기할 때, 이웃 사람들에 대해 이야기할 때, 다른 그리스도인들에 대해 이야기할 때, 날카로운 말을 하는 경우가 얼마나 많습니까! 하나님께서 내가 사랑이 없는 말은 일절 하지 않게 하여 주시기를 구합니다! 내가 부드러운 사랑으로 말하려고 하지 않는다면 내 입을 닫아 주시기를 구합니다! 지금 내가 말하고 있는 것은 사실입니다. 직장에서 함께 일하는 그리스도인들 가운데 날카로운 비판과 판단, 성급한 견해, 사랑이 없는 말, 서로에 대한 은밀한 경멸과 비난이 보이는 경우가 얼마나 많은지 모릅니다! 어머니가 사랑으로 자녀들을 품고 기뻐하며 자녀들의 약점과 부족에 대해서는 지극히 애정 어린 동정을 보이듯이, 모든 신자의 마음속에는 그리스도 안에 있는 모든 형제와 자매에 대하여 어머니의 사랑이 있어야 합니다. 여러분은 그런 사랑을 갖기 원한 적이 있습니까? 그런 사랑을 추구한 적이 있습니까? 그런 사랑을 간구한 적이 있습니까? 예수 그리스도께서 말씀하셨습니다. "내가 너희를 사랑한 것 같이 너희도 서로 사랑하라." 예수께서는 그 말씀을 다른 계명들 가운데 집어넣지 않으셨습니다. 예수께서는 사실상 이렇게 말씀하셨습니다.

"'내가 너희를 사랑한 것 같이 너희도 서로 사랑하라.' 이것은 새 계명이고 유일한 계명이다."

성령의 열매가 사랑인 것은 바로 우리의 매일 생활과 행실에서 나타납니다. 그 열매로부터 사랑이 표현되는 다른 모든 은혜와 덕들이 나옵니다. 즉, 희락과 화평과 오래 참음과 자비와 양선이 나옵니다. 여러분의 어조에 날카로움이나 딱딱함이 없고, 불친절이나 이기심이 없습니다. 하나님과 사람 앞에 온유합니다. 여러분은 이 모든 것이 더욱 온순한 덕들이라는 것을 압니다.

> "그러므로 너희는 하나님이 택하사 거룩하고 사랑 받는 자처럼 긍휼과 자비와 겸손과 온유와 오래 참음을 옷 입으라"(골 3:12).

나는 골로새서에 있는 이 말씀을 읽을 때 종종 이런 생각을 했습니다. 만일 우리가 (이 명령을) 기록하였다면 필시 그 전면에 열심, 용기, 근면과 같은 남자다운 덕들을 집어넣었을 것이라고 말입니다. 우리는 좀 더 유순하고 좀 더 여성적인 이 덕들이 어떻게 성령을 의지하는 것과 특별히 더 관계가 있는지를 알 필요가 있습니다. 이 덕들은 참으로 천상의 미점들입니다. 이교 세계에서는 결코 볼 수 없었던 것들입니다. 그리스도께서 우리를 가르치기 위해 하늘로부터 오셔야 할 필요가 있었습니다. 여러분의 복은 오래 참음과 온유와 친절이고, 하나님 앞에서 겸손함이 여러분의 영광입니다. 성령께서 하늘에서 십자가에 못 박힌 그리스도의 심장으로부터 가져와서 우리 심장 속에 넣어주시는 성령의 열매 가운데 제일 첫 번째가 사랑입니다.

여러분은 요한이 "어느 때나 하나님을 본 사람이 없으되 만일 우리가 서로 사랑하면 하나님이 우리 안에 거하시느니라"(요일 4:12)고 말하는 의미가 무엇인지 압니다. 즉, 그 말은 내가 하나님을 볼 수 없지만 그 보상으로 내 형제를 볼 수 있고, 내가 형제를 사랑하면 하나님이 내 안에 거하시는 것이라는 말입니다. 이 말이 정말로 그렇습니까? 내가 하나님을 볼 수는 없지만 내 형제를 사랑하는 것이 틀림없다면 하나님께서 내 안에 거하신다는 말이 사실입니까? 내 형제를 사랑하는 것이 하나님과 진정한 사귐을 갖는 길입니다. 여러분은 요한이 더 나아가서 매우 엄격한 기준으로 말하고 있는 것이 무엇인지를 압니다.

> 누구든지 "하나님을 사랑하노라" 하고 그 형제를 미워하면 이는 거짓말 하는 자니 보는 바 그 형제를 사랑하지 아니하는 자는 보지 못하는 바 하나님을 사랑할 수 없느니라(요일 4:20).

전혀 사랑스럽지 않은 형제가 있습니다. 그 사람은 만날 때마다 여러분을 애먹입니다. 그는 여러분과 성향이 정반대입니다. 여러분은 꼼꼼한 사업가로서 사업상 그 형제를 상대해야 합니다. 그는 아주 너저분하고 사업과는 거리가 먼 사람입니다. 그래서 여러분은 "나는 그를 사랑할 수 없습니다" 하고 말합니다.

친구 여러분, 여러분은 그리스도께서 다른 무엇보다 중요하게 가르치시고자 했던 교훈을 아직 배우지 못했습니다. 어떤 사람이 자기가 원하는 대로 하게 내버려 두고, 여러분은 그런 그를 사랑해야 합니다. 사랑은 매일 그리고 종일 나타나는 성령의 열매가 되어야 합니다. 자, 이 말을 들어보십시오. "보는 바 그 형제를 사랑하지 아니한다면," 즉 여러분이 그동안 보아온 전혀 사랑스럽지 않는 사람을 사랑하지 않는다면, 어떻게 여러분이 그동안 보지 못한 하나님을 사랑할 수 있습니까? 여러분은 하나님을 사랑하고 있다는 아름다운 생각으로 스스로 속을 수 있습니다. 성령의 열매는 사랑입니다.

하나님의 영이 능력 있게 올 수 없는 이유는 무엇입니까? 그것이 불가능한 일입니까?

여러분은 내가 그릇에 대한 이야기를 하면서 사용했던 비교를 기억할 것입니다. 나는 그릇의 일부분인 질그릇 조각에 물을 조금 부을 수 있습니다. 그러나 내가 그릇을 가득 채우려면 그릇이 깨어져 있지 않아야 합니다. 하나님의 자녀들은 어디에 모이든지, 어느 교회 혹은 어느 선교회 혹은 어느 협회에 소속되어 있든지 간에 서로 뜨겁게 사랑해야 합니다. 그렇지 않으면 성령께서 자기의 일을 하실 수 없습니다. 우리는 세속적인 정신, 의식(儀式)주의, 형식에 얽매임, 오류, 무관심 때문에 성령님을 슬프시게 하는 일에 관해서 말합니다. 그러나 사실 무엇보다 하나님의 영을 슬프시게 하는 것은 이 사랑의 부족입니다. 모두가 각각 자신의 마음을 살피고, 하나님께서 자신의 마음을 살펴주시기를 구합시다.

우리의 사랑이 하나님의 능력을 나타냅니다

왜 우리는 "성령의 열매는 사랑이라"는 것을 배웁니까? 성령께서 우리 매일의 생활이 하나님의 능력을 나타내고 하나님께서 자기 자녀들을 위해 무엇을 하실 수 있는지를 드러내게 하기 위해 오셨기 때문입니다.

사도행전 2장과 4장에서 우리는 제자들이 한마음, 한뜻이었다는 것을 읽습니다. 그리스도와 동행한 3년 동안 제자들은 한 번도 그런 상태에 있지 못하였습니다. 그리스도의 모든 가르침도 그들을 한마음, 한뜻으로 만들지 못하였습니다. 그런데 성령께서 하늘로부터 오셔서 제자들의 마음에 하나님의 사랑을 뿌려주시자 그들이 한마음, 한뜻이 되었습니다. 제자들의 마음에 하늘의 사랑을 부으신 바로 그 성령께서 우리 마음도 채우실 것이 틀림없습니다. 바로 그렇게 하실 것입니다. 그리스도께서 하셨듯이 사람이 3년 동안 천사의 말로 사랑을 설교할 수 있습니다. 그러나 성령의 능력이 임하여서 그의 마음에 하늘의 사랑을 붓지 않는 한, 그의 말을 듣고 사랑할 사람은 아무도 없을 것입니다.

교회 전체를 생각해 봅시다. 얼마나 분열이 심합니까! 서로 다른 몸들을 생각해 보십시오. 거룩함의 문제, 깨끗하게 하는 피의 문제, 성령 세례의 문제를 생각해 보십시오. 그런 문제들 때문에 사랑하는 신자들 사이에 얼마나 많은 불화가 일어납니까! 견해 차이가 있다는 사실 자체가 내게 어려움을 주지는 않습니다. 우리는 다 같은 체질과 기질과 마음을 갖고 있지 않습니다. 그러나 하나님 말씀의 지극히 거룩한 진리 때문에 미움과 신랄함, 경멸, 분리, 무정함이 일어나는 경우가 얼마나 많은지 모릅니다! 우리의 교리, 우리의 신조가 사랑보다 더 중요했습니다. 종종 우리는 자신이 진리를 위해서 용감하다고 생각하면서, 사랑으로 진리를 말하라는 하나님의 명령을 잊어버립니다. 종교개혁 시대에 루터 교회와 개혁 교회 사이에서 그랬습니다. 모든 신자들 사이에 연합의 끈 노릇을 하게 되어 있었던 성찬에 관해서 두 교회 사이에 얼마나 신랄한 말들이 오갔는지 모릅니다! 그래서 시대가 내려오면서 하나님의 지극히 귀한 진리들이 우리를 갈라놓은 산들이 되었습니다.

우리가 능력 있게 기도하기를 원한다면, 성령께서 능력 있게 내려오시기를 기대한다면, 하나님께서 정말로 그의 영을 부어주시기를 원한다면, 우리가 하늘의 사랑으로 서로 사랑하겠다고 하나님과 언약을 맺어야 합니다.

여러분은 그렇게 할 준비가 되어 있습니까? 하나님의 모든 자녀들 속에 전혀 사랑이 없고 사랑스럽지도 않으며 전혀 존경할 가치가 없는, 견디기 어려운 까다로운 사람도 받아들일 만큼 충분한 사랑만이 진정한 사랑입니다. 나의 서약, 곧 하나님께 완전히 순종하겠다는 서약이 진실하다면, 그것은 나를 채우는 하나님의 사랑에 완전히 순종하고, 내 주변의 모든 하나님의 자녀를 사랑하는 사랑의 종이 되겠다는 서약을 의미해야 합니다. "성령의 열매는 사랑이라."

하나님께서 그리스도께 아버지의 품속으로부터 영원한 사랑을 가지고 내려오시는 성령을 그의 오른팔로 주셨을 때 놀라운 일을 행하신 것입니다. 그런데 우리는 이 성령님을 그저 자신의 일을 행하는데 이용하는 능력 정도로 말할 수 없이 격하시켜 버렸습니다! 하나님 저희를 용서하여 주옵소서! 성령께서 우리를 하나님과 그리스도의 생명과 본성으로 채우는 능력으로서 영광을 얻으셨으면 좋겠습니다!

그리스도인의 일은 사랑이 필요합니다

"성령의 열매는 사랑이라." 다시 한 번 묻습니다. 왜 그렇습니까? 답을 말씀드립니다. 사랑이야말로 그리스도인들이 정말로 자기 일을 할 수 있는 유일한 능력이기 때문입니다.

그렇습니다. 우리에게 필요한 것이 바로 사랑입니다. 우리는 우리를 서로 묶어주는 사랑이 필요할 뿐만 아니라 또한 우리 주변의 타락한 사람들을 위한 우리 일에서도 하나님의 사랑이 필요합니다. 우리는 사람들이 다른 사람들에 대한 자연적인 동정심에서 박애 사업을 하듯이 많은 일들을 떠맡는 경우가 많지 않습니까? 우리는 담임 목사나 친구가 우리에게 하라고 요구한 까닭에 그리스도의 일을 맡는 경우가 종종 있지 않습니까? 우리가 사랑의 세례를 받은 일이 없이 어떤 열심으로 그리스도의 일을 수행하는 때가 많지 않습니까?

사람들은 종종 이렇게 묻습니다. "불세례가 무엇입니까?" 나는 그 질문에 대해 그동안 한 번 이상 답을 했습니다.

> 나는 하나님의 불, 곧 갈보리에서 희생제물을 태워버린 영원한 사랑의 불과 같은 불이 있는지 모르겠습니다. 사랑의 세례는 교회에 필요한 것으로, 그 세례를 받기 위해 우리는 즉시 하나님 앞에 엎드려 죄를 고백하며 이렇게 간구하기 시작해야 합니다. "주님, 사랑이 하늘로부터 내 마음속으로 흘러내리게 하여 주소서. 제가 마음을 다해 영원한 사랑이 내 안에 거하고 내 안에 충만하여지도록 한 사람으로서 기도하고 살아가

는 일에 삶을 바치겠습니다."

아, 그렇습니다. 만일 하나님의 사랑이 우리 마음속에 있다면 그것이 참으로 놀라운 차이를 만들어낼 것입니다! 신자들 가운데는 이렇게 말하는 사람들이 많습니다.

나는 그리스도를 위해서 일합니다. 그리고 훨씬 더 열심히 일할 수 있을 것 같은데, 은사가 없습니다. 어떻게 혹은 어디에서 시작해야 할지 모르겠습니다. 내가 무엇을 할 수 있는지 모르겠습니다.

형제자매 여러분, 하나님께 사랑의 성령으로 여러분에게 세례 주시기를 구하십시오. 그러면 사랑이 제 길을 찾아올 것입니다. 사랑은 온갖 어려움을 태워버리는 불입니다. 여러분이 소심하고 결단을 잘 못 내리며 말을 잘 못하는 사람일 수 있습니다. 그러나 사랑이 그 모든 것을 태워버릴 수 있습니다. 하나님께서 우리를 사랑으로 충만하게 하여 주시옵소서! 우리는 우리의 일을 하기 위해 사랑이 필요합니다.

여러분은 사랑이 표현되는 감동적인 이야기를 그동안 많이 읽고서 참 아름답다고 했습니다. 나는 얼마 전에 그와 같은 감동적인 이야기 하나를 들었습니다. 한 여성이 가난한 여자들이 많은 한 보호소(Rescue Home)에서 이야기해 달라는 부탁을 받았습니다. 그 여성이 그곳에 도착하여 여간사와 함께 창가로 갔을 때 밖에 몰골이 비참한 한 사람이 앉아 있는 것을 보고 물었습니다. "저 사람은 누구에요?"

여간사가 대답했습니다. "저 여자는 이곳에 3,40번 들어왔지만 그때마다 다시 나가버렸어요. 저 여자에게는 아무것도 할 수 없습니다. 저 여자는 너무 상스럽고 다루기가 어려워요."

그러나 그 여성은 말했습니다. "저 여자는 들어와야 해요."

그러자 여간사가 말했습니다. "우리는 당신을 기다려왔어요. 사람들이 모여 있고 당신이 강연할 시간은 한 시간 밖에 안 돼요."

그 여성이 대답했습니다. "아니에요. 이것이 더 중요한 일입니다." 그리고 비참한 몰골의 여자가 앉아 있는 밖으로 나가서 말했습니다.

"자매님, 무슨 문제가 있어요?"

"나는 당신 자매가 아니에요"라는 대답이 돌아왔습니다.

그러자 그 여성은 그 여자의 손을 잡고 말했습니다. "아니에요. 나는 당신의 자매에요. 나는 당신을 사랑합니다." 그리고 그 불쌍한 여자의 마음이 움직일 때까지 이야기를 했습니다.

두 사람 사이에 대화가 얼마간 지속되었고, 사람들은 참을성 있게 기다리고 있었습니다. 마침내 그 여성은 밖에 있던 여자를 데리고 방으로 들어왔습니다. 비참하고 불쌍한 여자, 온갖 수치스러운 것이 가득한 타락한 피조물이 거기 있었습니다. 그녀는 의자에 앉으려고 하지 않고 강연자의 의자 옆에 있는 등 없는 걸상에 앉았습니다. 강연자는 그녀가 자기에게 기대도록 하고 팔로 그 여자의 목을 감고서 모인 청중들에게 말하였습니다. 그리고 그 사랑이 그 여자의 마음을 움직였습니다. 그 여자는 정말로 자기를 사랑하는 사람을 발견하였고, 그 사랑이 예수님의 사랑을 만나도록 만들었습니다.

하나님을 찬양합시다! 이 땅에서 하나님의 자녀들의 마음속에는 사랑이 있습니다. 그런데 그 사랑이 더욱 많아졌으면 좋겠습니다!

하나님이여, 우리 목사들에게 부드러운 사랑으로 세례를 베풀어 주옵소서. 우리 선교사들, 우리의 종교서적 판매원들(colporteur), 우리의 성경 낭독자들, 우리의 일꾼들, 우리의 기독교 청년 협회들에게 부드러운 사랑으로 세례를 베풀어 주옵소서. 하나님께서 지금 우리부터 하늘의 사랑으로 세례를 베풀어 주시면 좋겠습니다!

사랑은 중보기도를 불러일으킵니다

다시 한 번 말하지만, 우리로 하여금 중보기도의 사역에 적합하게 만들 수 있는 것은 사랑뿐입니다.

나는 앞에서 사랑이 우리를 일하기에 적합하게 만들어야 한다고 했습니다. 여러분은 이 죄 많은 세상을 위해 행해야 할 일 가운데 가장 어려우면서도 가장 중요한 일이 무엇인지 압니까? 그것은 중보기도의 사역입니다. 곧, 하나님께 가서 시간을 들여 하나님을 붙잡는 사역입니다.

사람이 진지한 그리스도인이 될 수 있고 열심 있는 목사가 될 수 있으며 선을 행할 수도 있습니다. 그러나 슬프게도 그런 사람이 하나님과 함께 머무는 것이 무엇인지에 대해서는 거의 아무것도 모른다고 고백하지 않을 수 없는 경우가 얼마나 많은지 모릅니다. 하나님께서 우리에게 중보기도의 영, 기도와 간구의 영이라는 큰 선물을 주시기 바랍니다! 나는 예수님의 이름으로 여러분에게 모든 성도들을 위해, 모든 하나님의 백성을 위해 기도하는 일이 없이 하루가 지나가게 하지 않기를 부탁합니다.

나는 그 점을 거의 생각하지 않는 그리스도인들이 있는 것을 봅니다. 또 자기 교회 교인들을 위해서 기도하지만 모든 신자를 위해서는 기도하지 않는 기도회가 있는 것을 봅니다. 나는 여러분이 그리스도의 교회를 위해 기도하는 시간을 갖기 바랍니다. 앞에서 말했듯이 이교도들을 위해 기도하는 것이 옳은 일입니다. 하나님께서 우리가 그들을 위해 더 많이 기도하도록 도와주시기를 바랍니다. 선교사들과 복음전도 사역을 위해 또 불신자들을 위해 기도하는 것이 옳습니다. 그러나 바울은 사람들에게 이교도들이나 불신자들을 위해 기도하라고 말하지 않았습니다. 바울은 신자들을 위해 기도하라고 하였습니다. 여러분은 매일 이것을 제일 먼저 기도하도록 하십시오. "주님, 도처에 있는 주의 성도들에게 복을 내려주옵소서."

그리스도 교회의 상태는 말할 수 없이 저급합니다. 하나님께서 하나님의 백성들을 찾아가주시도록 하나님의 백성들을 위해 기도하십시오. 서로를 위해 기도하고, 하나님을 위해 일하려고 하는 모든 신자들을 위해 기도하십시오. 사랑이 여러분의 마음을 가득 채우도록 하십시오. 그리스도께서 매일 여러분에게 사랑을 새롭게 부어주시기를 구하십시오. 하나님의 성령께서 여러분 속에 사랑을 부으실 수 있도록 하십시오. 나는 성령님께 구별되어 있고, 성령의 열매는 사랑입니다. 하나님께서 우리가 이 사실을 이해하도록 도와주시기를 바랍니다.

하나님께서 우리가 매일 하나님을 좀 더 조용히 바라는 법을 배우게 하여 주시기를 구합니다. 단지 우리 자신만을 위해서 하나님을 바라지 않도록 하십시오. 그렇지 않으면 하나님을 바라는 힘을 금방 잃어버리게 될 것입니다. 그렇게 하기보다는 중보기도의 사역과 사랑에 몰두하고, 하나님의 백성들을 위하여, 주위에 있는 하나님의 백성들을 위하여 더욱 기도하고, 사랑의 영이 우리 자신과 하나님의 백성들 안에 있기를 위하여, 우리가 관여하고 있는 하나님의 일을 위하여 더욱 기도하십시오. 그러면 틀림없이 응답이 올 것이고, 하나님을 바라는 우리의 태도가 말로 다할 수 없는 복과 능력의 원천이 될 것입니다. "성령의 열매는 사랑이라."

여러분이 하나님 앞에서 사랑이 부족함을 고백하지 않을 수 없습니까? 그렇다면 하나님 앞에 털어놓고 말씀드리십시오. "주님이여, 내 마음이 부족하고 내 사랑이 부족한 것을 고백합니다." 그 다음에 그 부족을 주님의 발 앞에 던져 버리면서 그리스도의 피가 여러분을 깨끗하게 하고, 예수께서 정결하게 하는 구원하는 큰 능력으로 오셔서 여러분을 구원하시며, 주께서 그의 성령을 주실 것을 믿으십시오.

제 3 장

성령께 구별되다

"안디옥 교회에 선지자들과 교사들이 있으니 곧 바나바와 니게르라 하는 시므온과 구레네 사람 루기오와 분봉 왕 헤롯의 젖동생 마나엔과 및 사울이라 주를 섬겨 금식할 때에 성령이 이르시되 내가 불러 시키는 일을 위하여 바나바와 사울을 따로 세우라 하시니 이에 금식하며 기도하고 두 사람에게 안수하여 보내니라 두 사람이 성령의 보내심을 받아 실루기아에 내려가." — 사도행전 13:1-4

본문의 이야기에서 우리는 하나님께서 우리에게서 무엇을 얻으려고 하시며 또 우리를 위해 무슨 일을 하려고 하시는지에 대해서 가르쳐 주는 귀한 몇 가지 생각들을 보게 될 것입니다. 여기에 인용한 구절들이 주는 큰 교훈은 이것입니다. 즉, 성령님은 땅 위에서 행해지는 하나님의 일을 지시하는 감독자이시라는 것입니다. 그렇다면 우리가 하나님을 위해 올바르게 일하려고 한다면, 하나님께서 우리 일에 복을 주시려고 한다면, 우리가 해야 할 일은 성령님과 바른 관계에 서 있어야 하고, 매일 성령님 고유의 명예로운 위치를 성령께 드리며, 우리의 모든 일과 (더 중요한 점으로) 우리의 개인적인 모든 내면생활에서 성령님이 언제나 첫 번째 자리를 차지하시게 해야 한다는 것을 아는 것입니다. 본문의 구절들이 시사하는 귀한 생각들 가운데 몇 가지를 이야기하겠습니다.

하나님은 하나님의 나라를 위하여 자신의 계획을 갖고 계십니다

무엇보다 우리는 하나님은 하나님의 나라에 대하여 자신의 계획을 갖고 계시다는 것을 봅니다.

안디옥에 하나님의 교회가 세워졌습니다. 하나님께서는 아시아에 대해 어떤 계획과 의도가 있었습니다. 그리고 유럽에 대해서도 계획과 의도들을 품고 계셨습니다. 그런 계획과 의도들은 하나님께서 생각하신 바인데, 그것들을 자기 종들에게 알리셨습니다.

우리의 총 사령관께서 모든 군사 행동을 조직하시지만 그의 장군과 장교들이 언제나 사령관의 큰 계획들을 아는 것은 아닙니다. 그들은 종종 봉인된 명령서를 받습니다. 그래서 그들은 사령관이 자기들에게 명령하는 바를 받기 위해 사령관을 바라보아야 합니다. 하늘에 계시는 하나님께서는 시행되어야 하는 모든 일에 대해서 또 그 일을 행하는 방식에 대해서 소원과 뜻을 갖고 계십니다. 하나님의 비밀을 알고 하나님 아래에서 일하는 사람은 복이 있습니다.

몇 년 전에 내가 사는 남아프리카 웰링턴(Wellington)에서 선교 학교(Mission Institute)가 문을 열었습니다. 그곳에서는 그 학교가 크고 멋진 건물로 알려져 있습니다. 개교식에서 교장 선생님이 어떤 점을 말했는데,

나는 지금까지 그 말을 잊지 못합니다.

작년에 우리는 주춧돌을 놓기 위해 여기 모였는데, 그때 우리는 무엇을 보았습니까? 쓰레기와 돌들, 벽돌들, 그리고 허물어진 옛 건물의 잔해들 뿐이었습니다. 거기에 우리가 주춧돌을 놓았지만, 그 자리에 어떤 건물이 일어서게 될지 아는 사람은 거의 아무도 없었습니다. 한 사람, 곧 건축가 외에는 아무도 그 건물의 모든 세부적인 내용을 완전히 알지 못합니다. 그 건축가의 마음속에는 그 건물이 아주 훤하게 보였습니다. 공사를 맡은 이들과 석수와 목수들이 와서 일할 때, 그들은 건축가로부터 지시를 받았습니다. 지극히 하찮은 노동자도 그의 지시에 순종해야 했습니다. 그래서 건축물이 일어서고, 이 멋진 건물이 완공되었습니다. 바로 그처럼 오늘 우리가 문을 여는 이 건물은 앞으로 어떻게 될지 하나님만이 아시는 일의 기초를 놓는 것에 지나지 않습니다.

그러나 하나님께는 일꾼들이 있고, 분명하고 상세하게 작성한 계획들이 있습니다. 그래서 우리의 입장은 기다리는 것입니다. 그러면 하나님께서 언제나 필요한 만큼 자신의 뜻을 우리에게 알려주실 것입니다.
우리는 그저 신실하게 순종하고 그의 명령을 실행해야 합니다. 하나님은 땅 위에 있는 자신의 교회를 위한 계획이 있습니다! 우리는 자신의 계획을 세우고, 자신이 무엇을 해야 하는지 안다고 생각하는 경우가 많습니다. 우리는 하나님께서 우리 앞서 가시지 않으면 결코 가지 않겠다고 하기보다는 우리의 미약한 노력에 복 주시기를 먼저 구합니다. 하나님께서는 하나님 나라의 일과 확장을 위해 계획을 세우셨습니다. 성령께서 그 일을 사울에게 맡기셨습니다. "내가 불러 시키는 일을 위하여 바나바와 사울을 따로 세우라"(행 13:2). 그러므로 하나님께서 우리 모두가 성령의 인도를 받는 때를 제외하고는 "언약궤"를 만지는 것을 두려워하게 도와주시기를 구합니다.

하나님께서는 자신의 뜻을 계시하고자 하고 또 하실 능력이 있습니다

그 다음에, 두 번째로 생각할 점은 이것입니다. 하나님은 자기 종들에게 자신의 뜻이 무엇인지 계시하길 원하고 또 계시하실 능력도 있다는 것입니다.

그렇습니다. 감사하게도 통신은 지금도 하늘로부터 내려옵니다! 우리가 여기서 성령께서 말씀하신 것을 읽었듯이 성령께서는 여전히 자기 교회와 자기 백성들에게 말씀하시고자 합니다. 이 말일에는 성령께서 종종 그렇게 말씀하셨습니다. 개인들에게 오셔서 그의 거룩한 교훈으로 그들을 가르쳐 다른 사람들이 처음에는 이해하지 못하고 찬성하지도 않는 노동의 분야로 인도하셨고, 대다수 사람들에게 환영받지 못한 길과 방법으로 인도하셨습니다. 그런데 성령께서는 지금도, 곧 우리 시대에도 자기 백성들을 가르치십니다. 감사하게도 해외선교협회들과 국내선교회, 수많은 일터에서 사람들이 성령의 인도하심을 알고 있긴 하지만 ― 이제 우리 모두가 이 사실을 시인할 준비가 되어 있다고 생각하는데 ― 너무도 조금밖에 알지 못합니다. 우리는 그동안 하나님을 바라는 법을 충분히 배우지 못했습니다. 그래서 우리는 하나님 앞에서 이렇게 엄숙한 선언을 해야 합니다. "하나님이시여, 우리는 주께서 우리에게 주의 뜻을 보여주시기를 더욱 기다리겠습니다."

하나님께 그저 능력만 달라고 기도하지 마십시오. 많은 그리스도인들이 자기 나름대로 일할 계획을 갖고 있지만 하나님께서 능력을 보내 주셔야 합니다. 사람은 자기 뜻으로 일하지만 하나님께서 은혜를 주셔야 합니다. 바로 이것이 하나님께서 종종 사람에게 그처럼 보잘것없는 은혜와 성공을 주시는 이유입니다. 우리는 모두 하나님 앞에 앉아서 이렇게 말합시다.

> 무슨 일이든 하나님의 뜻을 따라 행하면 하나님의 힘이 일에서 떠나지 않을 것입니다. 하나님의 뜻을 따라 행하는 일에는 반드시 하나님의 큰 복이 따를 것입니다.

그래서 우리는 무엇보다 하나님의 뜻이 알려지기를 첫째로 바랍시다. 만일 여러분이 내게 "하늘로부터 이러한 통신을 받고 그 통신들을 이해하는 것이 쉬운 일입니까?" 하고 묻는다면 여러분에게 그 답변을 말씀드릴 수 있습니다. 하나님과 바른 교제 가운데 있고 하나님을 바라는 기술을 아는 사람들에게는 그것이 쉬운 일입니다.

사람들이 얼마나 자주 이런 질문을 하는지 모릅니다. "어떻게 사람이 하나님의 뜻을 알 수 있지요?" 그러면서도 사람들은 곤란한 처지에 빠지면 하나님께서 즉시 자기의 기도를 들어주셔야 한다고 아주 열심히 기도하고 싶어 합니다. 그러나 하나님께서는 겸손하고 온유하며 비어 있는 심정에게만 자신의 뜻을 계시하실 수 있습니다. 하나님께서는 곤란한 처지와 특별한 곤경에 빠져 있을 때 작은 일들과 매일의 생활에서 충성스럽게 하나님께 순종하고 하나님께 영예를 돌려드린 심정에게만 자신의 뜻을 계시하실 수 있습니다.

성령께서 하나님의 뜻을 계시하십니다

이제 세 번째 생각에 대해서 이야기할 차례입니다. 성령께서 하나님의 뜻을 알려주시는 성향에 대해서 주의해야 합니다.

 우리가 여기서 읽는 것은 무엇입니까? 주님을 섬기며 금식하는 사람들이 많이 있었습니다. 성령께서 와서 그들에게 말씀하셨습니다. 우리 시대의 선교위원회와 관련해서 생각하면 이 구절을 잘 이해할 수 있는 사람들이 있습니다. 우리 앞에 한 선교 현장이 펼쳐져 있습니다. 우리는 그동안 다른 현장들에서 선교 사업을 벌여왔습니다. 이제는 이 새로운 현장으로 가려고 합니다. 우리는 사실상 그곳을 선교 현장으로 결정하였고 그 현장에 관해 기도합니다. 그러나 그 위치는 이전 시기와는 매우 다른 것이었습니다. 나는 그들 가운데 어느 누가 유럽에 대해서 생각했을지 의심스럽습니다. 왜냐하면 후에 바울조차도 밤의 환상이 그를 불러 하나님의 뜻을 보이기 전까지는 다시 아시아로 들어가려고 했기 때문입니다. 그 사람들을 보십시오. 하나님께서 기이한 일들을 행하셨습니다. 교회를 안디옥까지 확장하셨고, 풍성한 복을 많이 주셨습니다. 그런데 여기에 주님을 섬기되 기도하고 금식하면서 주님을 섬기는 사람들이 있었습니다. 그들에게는 참으로 다음과 같은 깊은 확신이 있습니다.

> 이 모든 것은 하늘로부터 직접 와야 한다. 우리는 부활하신 주님과 교제하며 지낸다. 우리는 주님과 긴밀한 연합을 유지해야 한다. 그러면 어쨌든 주님은 우리에게 주께서 원하시는 바를 알게 하실 것이다.

그리고 그 점에서 그들은 비어 있었고 무지하고 무력했으며 기쁘고 즐거웠으나 매우 겸손하였습니다.

그들은 마치 이렇게 말하는 것처럼 보입니다. "주님, 우리는 주님의 종들입니다. 금식하고 기도하면서 주님을 바라나이다. 우리에 대한 주님의 뜻은 무엇입니까?"

이런 태도는 베드로에게도 똑같지 않았습니까? 베드로는 지붕 위에서 금식하며 기도하고 있었고, 이상을 보고 가이사랴로 가라는 명령을 받으리라고는 전혀 생각하지 않았습니다. 자신이 어떤 일을 하게 될지 전혀 몰랐습니다.

마음으로 세상을 떠나고 심지어 일반적인 종교 활동도 중단하였으며 간절히 기도하며 주님을 바라보았습니다. 바로 그런 마음속에 하나님의 거룩한 뜻이 나타날 것입니다.

여러분은 금식이라는 단어가 3절에 두 번째 나오는 것을 압니다. "이에 금식하며 기도하고." 기도할 때 여러분은 예수님의 명령에 따라

골방에 들어가 문을 닫기 좋아합니다. 여러분은 사업이든지 회사든지 즐거움이든지 여러분의 주의를 흩뜨릴 수 있는 것은 무엇이든지 마음에 들이지 않고 홀로 하나님과만 있기를 바랍니다. 그러나 어떤 면에서 이 물질적인 세상도 여러분을 따라가 거기에 있습니다. 여러분은 먹어야 합니다. 이 사람들은 이 물질적인 것, 보이는 것들의 영향으로부터 자신을 차단하기를 원하였고, 그래서 금식하였습니다. 그들이 먹는 것은 그저 본성의 필요를 채우기 위한 것이었습니다. 그래서 마음을 집중하는 가운데 하나님 앞에서 금식하는 것은 땅우의 모든 것들을 마음에서 놓아버리는 것이라고 생각하였습니다. 하나님께서 우리가 하나님을 섬기기 원하기 때문에 모든 것으로부터 떠나고자 하는 강렬한 소원을 우리에게 주시고, 그렇게 해서 성령께서 우리에게 하나님의 복된 뜻을 계시해주시기를 구합니다.

성령께 구별됨

네 번째로 생각할 점은 이것입니다. 지금 성령께서 계시하시는 하나님의 뜻은 무엇입니까? 하나님의 뜻은 이 한 말에 들어 있습니다. 곧 성령께 구별된다는 것입니다. 이것이 하늘로부터 오는 메시지의 요지입니다.

> 바나바와 사울을, 내가 그들을 불러 시킨 일을 위하여 내게 따로 세우라. 그 일은 내 일이고, 내가 그 일을 관리한다. 내가 이 두 사람을 택하고 불

렀다. 나는 땅 위에 있는 그리스도의 교회를 대표하는 너희가 이 두 사람을 나를 위하여 따로 세우기 바란다.

이 하늘의 메시지를 다음의 두 가지 면에서 살펴봅시다. 이 사람들은 따로 구별하여 성령께 드리게 되어 있었고, 교회는 이 구별하는 일을 행하게 되어 있었습니다. 성령께서는 이 사람들이 그 일을 바른 정신으로 행하게 만드실 수 있었습니다. 그때 그들은 천상적인 것과 교제하는 가운데 있었고, 그래서 성령께서 그들에게 "이 사람들을 따로 세우는 일을 하라"고 말씀하실 수 있었습니다. 이들은 성령께서 준비시킨 사람들이었고, 그래서 그들에 대해 "내가 불러 시키는 일을 위하여 바나바와 사울을 따로 세우라"고 말씀하실 수 있었습니다.

이제 우리는 아주 근본적인 문제, 곧 그리스도의 일꾼들에게 필요한 바로 그 생활의 문제를 다루게 되었습니다. 문제는 이것입니다.

하나님의 능력이 우리 위에 더욱 강력하게 임하고, 하나님의 복이 우리가 구원하기 위해 애쓰는 이 불쌍하고 비참한 사람들, 멸망하는 죄인들 가운데 더욱 풍성하게 부어지기 위해 필요한 것이 무엇입니까?

그리고 하늘로부터 오는 답변은 이것입니다. "나는 성령께 구별된 사람들을 원한다."

이 말이 함축하고 있는 바가 무엇입니까? 여러분은 세상에 두 영이 있다는 것을 압니다. 그리스도께서 성령에 대해 이야기하실 때 이렇게 말씀하셨습니다. "세상은 능히 그를 받지 못하나니"(요 14:17). 바울은 "우리가 세상의 영을 받지 아니하고 오직 하나님으로부터 온 영을 받았다"(고전 2:12)고 하였습니다. 바로 이것이 모든 일꾼에게 절실하게 필요한 것입니다. 즉, 세상의 영은 나가고 하나님의 영이 들어와 내적 생명과 사역자의 전 존재를 점유하는 것입니다.

자신의 일을 감당할 수 있도록 능력의 영이신 성령을 자기들에게 부어 주시기를 종종 하나님께 구하는 사람들이 있다는 것은 확실합니다. 그리고 그들은 능력을 어느 정도 받고 복도 얻었을 때는 그 일을 인하여 하나님께 감사드립니다. 그러나 하나님은 그 이상의 어떤 것, 더 고귀한 어떤 것을 원하십니다. 하나님은 우리가 자아를 이기고 죄를 버리며 예수님의 복되고 아름다운 형상을 우리 안에 일으킬 수 있는 능력의 영이신 성령을 우리 마음과 생활에 모시기 원하십니다.

선물로서 성령의 능력과, 거룩한 생활의 은혜를 위한 성령의 능력 사이에는 차이가 있습니다. 사람은 종종 성령의 능력을 어느 정도 받을 수 있습니다. 그러나 은혜와 성결의 영으로서 성령님을 많이 받지 못한다면 그 사람의 일에 부족함이 나타날 것입니다. 성령님이 회심의 수단이 될 수 있지만 사람들이 더 높은 표준의 영적 생활에 이르도록 돕지는 못할 것입니다. 성령께서 떠나시면 그의 일도 많이 사라져 버릴 수 있습니다. 그러나 성령께 구별된 사람은 전심으로 이렇게 말할 수 있는 사람입니다.

"하나님 아버지, 성령께서 나를 완전히 지배하게 하여 주옵소서. 내 가정과 내 기분과 내 혀의 모든 말과 내 마음의 모든 생각과 다른 사람들에 대한 나의 모든 느낌을 완전히 지배하게 하여 주옵소서. 성령께서 전적으로 나를 소유하게 하여 주옵소서."

성령님께 구별되고 완전히 바쳐진 사람이 되는 이것이 그동안 여러분이 열망하던 바이고 여러분의 하나님과 맺은 언약이었습니까? 나는 제발 여러분이 하늘의 음성을 듣기 원합니다. 성령께서 "나에게 따로 세우라"고 말씀하셨습니다. 그렇습니다. 성령께 구별되어야 합니다. 하나님께서 그의 말씀이 우리 존재 깊은 곳에 들어오게 하여 주시기를 구합니다. 그래서 만일 우리가 자신이 세상으로부터 완전히 나오지 않았다는 것을 발견한다면, 하나님께서 우리 깊은 곳에 자기본위의 생활과 완고함, 자기 칭찬이 있음을 드러내신다면 하나님 앞에서 겸손합시다.

남자, 여자, 형제, 자매 여러분, 여러분은 성령께 구별된 일꾼입니다. 그것이 사실입니까? 그것이 여러분이 지금까지 간절히 바라왔던 열망입니까? 그것이 여러분이 그동안 순종해온 바였습니까? 그것이 여러분이 우리의 전능하신 부활의 주 예수님의 능력을 믿는 믿음으로 기대한 바였습니까? 그렇지 않다면, 믿음의 초청이 여기에 있습니다. 복음의 열쇠가 여기 있습니다. 그것은 성령님께 구별되는 것입니다. 하나님께서 이 말씀을 우리 마음에 새겨 주시기를 구합니다!

나는 성령께서 안디옥 교회에게 그 일을 할 수 있는 교회라고 말씀하셨다고 얘기했습니다. 하나님께서 그들을 신뢰하셨습니다. 하나님께서 우리 교회들, 우리 선교협회들, 우리 노동조합들이, 우리의 모든 이사들과 회의들, 위원회들이 일꾼들을 성령님께 구별시키는 일을 하기에 적합한 사람들로 이루어질 수 있게 해주시기를 구합니다.

성령님과 협력하는 의식(意識)과 행동

그 다음에 다섯 번째로 생각할 점은 이것입니다. 이 일에서 성령님과의 이 거룩한 협력이 의식과 행동의 문제가 된다는 것입니다.

이 사람들, 이들이 무슨 일을 했습니까? 이들은 바울과 바나바를 따로 세웠습니다. 그 다음에 두 사람에 대해서는 그들이 성령의 보내심을 받아 실루기아로 내려갔다고 기록되었습니다. 놀라운 협력입니다! 성령님이 하늘에서 그 일의 한 부분을 행하시고 땅에서는 사람들이 다른 한 부분을 행합니다. 땅에서 사람들의 임직식이 있은 후에 그들이 성령의 보내심을 받았다고 하나님의 영감 된 말씀이 기록하고 있습니다.

그리고 이 협력이 어떻게 새로운 기도와 금식을 불러일으키는지 봅시다. 그들은 어느 기간 동안 주님을 섬기며 금식하였는데, 아마도 며칠 동안 금식하였을 것입니다. 그리고 성령께서 말씀하시면 그들은 그 일을 해야 하고 협력해야 합니다. 그리고 즉시 함께 모여서 더 기도하고 금식합니다. 바로 그것이 그들이 주님의 명령에 순종하는 정신입니다. 그리고 그 사실은 우리가 기도에 힘쓰는 것이 그리스도의 일을 시작할 때뿐만 아니라 또한 일하는 내내 필요하다는 것을 가르쳐 줍니다. 그리스도의 교회에 관해서 때때로 내게 큰 슬픔과 함께 오는 한 가지 생각이 있다면, 내 자신의 생활에 관해서 부끄럽게 여기는 한 가지 생각이 있다면, 그리스도의 교회가 받아들이지 않고 붙잡지 않는 것으로 보이는 한 가지 생각이 있다면, 하나님께 "주님의 은혜로 우리에게 새로운 사실들을 가르쳐 주소서" 하고 기도하게 만드는 한 가지 생각이 있다면, 그것은 이것입니다. 즉, 기도가 하나님의 나라에서 놀라운 능력을 발휘하게 되어 있다는 사실입니다. 그런데 우리는 그동안 기도를 거의 이용하지 않았습니다.

우리는 번연(Bunyan)의 걸작 「천로역정」에서 그리스도인이 자기 품 속에 지하 감옥의 문을 여는 열쇠가 있는 것을 발견했을 때 무슨 말을 했는지 모두 압니다. 우리에게는 무신론과 이교라는 지하 감옥을 열 수 있는 열쇠가 있습니다. 그러나 우리는 기도보다는 일에 훨씬 더 마음이 사로잡혀 있습니다. 하나님께 말씀드리는 것보다 사람들에게 이야기하는 것이 더 효과가 있다고 믿습니다. 우리는 성령께서 명하시는 일이 우리에게 다시금 기도하며 금식하도록 만들고, 이 세상의 정신과 쾌락으로부터 다시 떨어져 나오게 하며, 다시금 하나님께 헌신하고 하나님과 교제하게 만든다는 사실을 이 사람들에게서 배웁시다. 이들은 기도와 금식하는 일에 전념하였습니다. 만일 우리가 일반적으로 행하는 모든 기독교 사역에서 좀 더 기도한다면 우리의 내적 생활에 더 많은 복이 임할 것입니다. 자신의 유일한 힘이 매순간 계속해서 그리스도와 접촉하고, 하나님께서 우리 안에서 일하시도록 하는데 있음을 느끼고 증명하며 증거한다면, 그것이 우리의 정신이라면, 우리의 생활이 하나님의 은혜로 더욱 거룩해지지 않겠습니까? 우리의 생활이 더욱 풍성하게 열매를 맺지 않겠습니까?

나는 하나님의 말씀에서 갈라디아서 3장에 나오는 것만큼 엄숙한 경고가 있는지 잘 모르겠습니다. 바울은 거기에서 이렇게 물었습니다. "성령으로 시작하였다가 이제는 육체로 마치겠느냐?"(3:3).

여러분은 이 말이 무엇을 의미하는지 이해합니까? 많은 기도로 시작하였고 성령으로 시작한 그리스도인의 생활에서와 같이 그리스도인의 일에서 나타날 수 있는 끔찍한 위험은 그 사역이 점점 곁길로 가서 육체의 일이 될 수 있다는 것입니다. 그러면 이 말씀이 옵니다. "성령으로 시작하였다가 이제는 육체로 마치겠느냐?' 우리가 처음에 곤란한 일을 당하여 어찌할 줄 모를 때 하나님께 많이 기도하였고 하나님께서 응답하시고 복을 주셨습니다. 우리의 조직은 완전한 모습을 갖추게 되었고 우리 일꾼들의 규모도 커졌습니다. 그러나 점차 조직과 일과 분주함이 우리를 완전히 지배해 버려서 우리가 작은 집단으로 있을 때는 성령의 능력을 의지하여 시작하였는데, 이제는 그 능력이 거의 사라져 버렸습니다. 나는 제발 여러분이 그 점에 유의하시기를 바랍니다! 이 제자들의 무리는 "나의 영혼아 하나님만 바라라"(시 62:5)고 하면서 다시 기도하고 금식하며, 또 더 많이 기도하고 금식함으로써 성령의 명령을 실행하였습니다. 바로 이것이 우리가 해야 할 가장 고귀하고 중요한 일입니다. 그러면 믿음의 기도에 대한 응답으로 성령께서 오십니다.

여러분은 높이 되신 예수께서 하늘의 보좌에 오르셨을 때, 주님을 기다리는 제자들이 열흘 동안 주께 부르짖었던 자리가 바로 그 보좌의 발판이었다는 것을 압니다. 그리고 그것이 하나님 나라의 법입니다.

즉, 왕은 보좌 위에 계시고 종들은 왕의 발판에 있는 것입니다. 우리가 언제나 그 자리에 있는 것을 하나님께서 보시기를 바랍니다!

성령께서 인도하실 때 복이 옵니다

그 다음에 끝으로 생각할 점은 이것입니다. 즉, 성령께서 일을 인도하고 지시하도록 허락할 때, 성령께 순종하여서 일을 시행할 때 참으로 놀라운 복이 온다는 것입니다.

여러분은 바나바와 사울이 파송을 받아 수행한 선교의 이야기를 압니다. 그들에게 어떤 능력이 함께 했었는지 압니다. 성령께서 그들을 보내셨고, 그들은 큰 복을 받으며 계속해서 이리저리로 다녔습니다. 성령께서 그들의 인도자로 앞서 가셨습니다. 여러분은 바울이 다시 아시아로 들어가려는 일이 막히고 유럽으로 가도록 인도를 받은 일이 어떻게 성령으로 말미암아 되었는지 압니다. 이 작은 무리의 사람들에게, 주님을 섬기는 그들의 사역에 얼마나 놀라운 복이 임했는지 모릅니다!

제발 우리는 하나님께서 우리를 위한 복을 갖고 계심을 믿는 법을 배웁시다. 하나님께서 하나님의 일을 그 손에 맡기신 성령님은 "성 삼위 하나님의 집행인"이라고 불리셨습니다. 성령님은 능력만 있으신 것이 아니라 사랑의 영도 갖고 계십니다. 성령님은 이 어두운 세상과 세상 안에 있는 모든 활동의 영역을 관장하시며, 기꺼이 복을 베푸시려 합니다. 그런데 왜 더 많은 복을 받지 못한 것입니까? 거기에는 한 가지 대답밖에 없습니다. 우리가 마땅히 해야 할 대로 성령님을 영화롭게 하지 못한 것입니다. 그것이 사실이 아니라고 말할 수 있는 사람이 있습니까? 사려 깊은 사람이라면 누구나 곧바로 이렇게 소리치지 않겠습니까?

> 하나님, 제가 그동안 마땅히 해야 하는 대로 성령님을 영화롭게 하지 못한 것을 용서하여 주옵소서! 제가 성령님을 슬프시게 한 것을 용서하여 주옵소서! 성령님께서 영광을 얻으셨어야 하는 곳에서 제 자아와 육신과 뜻이 행세하도록 한 것을 용서하여 주옵소서! 제가 하나님께서 성령님이 차지하기를 바라신 곳을 사실상 제 자아와 육신과 뜻이 차지하도록 만든 것을 용서하여 주시기 구합니다.

그 죄는 우리가 아는 것보다 큽니다! 그리스도의 교회 안에 그처럼 연약함과 실패가 많은 것이 전혀 이상한 일이 아닙니다!

제 4 장

베드로의 회개

"주께서 돌이켜 베드로를 보시니 베드로가 주의 말씀 곧 오늘 닭 울기 전에 네가 세 번 나를 부인하리라 하심이 생각나서 밖에 나가서 심히 통곡하니라."

― 누가복음 22:61-62

이 일은 베드로의 생애에서 전환점이었습니다. 그리스도께서는 그에게 "내가 가는 곳에 네가 지금은 따라올 수 없으리라"(요 13:36)고 말씀하셨습니다. 베드로는 자신을 버리지 못하였기 때문에 그리스도를 따를 수 없었습니다. 그는 자신을 알지 못하였고, 그래서 그리스도를 따를 수 없었습니다. 그러나 그가 나가서 심하게 통곡하였을 때 큰 변화가 일어났습니다. 그리스도께서는 사전에 베드로에게 말씀하셨습니다. "너는 돌이킨 후에 네 형제를 굳게 하라"(눅 22:32). 베드로가 자기를 버리고 그리스도께로 돌이킨 시점이 이때입니다.

나는 베드로의 이야기를 인해서 하나님께 감사드립니다. 나는 성경에서 우리에게 이보다 더 큰 위로를 주는 인물이 있는지 모르겠습니다. 온갖 부족이 가득한 그의 성품을 보고, 그리스도께서 성령의 능력으로 그를 어떤 인물로 만드셨는지를 볼 때, 우리 모든 사람에게 희망이 있습니다. 그러나 그리스도께서 베드로를 성령으로 충만하게 하시고 그를 새로운 사람으로 만드실 수 있기 전에 그가 밖으로 나가서 심히 통곡해야 했고, 겸손해져야 했다는 사실을 기억하십시오. 우리가 이 사실을 이해하기 원한다면, 살펴보아야 할 점이 네 가지 있다고 생각합니다. 첫째로, 우리는 예수님의 헌신적인 제자 베드로를 보아야 하고, 그 다음은 자기본위의 생활을 하였을 때의 베드로를 보아야 하며, 그 다음에는 회개하는 베드로를 보고, 끝으로 그리스도께서 성령으로 베드로를 어떤 인물로 만드셨는지를 보아야 합니다.

예수님의 헌신적인 제자 베드로

그리스도께서는 베드로에게 그물을 버리고 자기를 따르라고 하셨습니다. 베드로는 즉시 예수님의 말씀대로 행하였고, 후에 주님께 정직하게 이렇게 말씀드릴 수 있었습니다. "우리가 모든 것을 버리고 주를 따랐나이다"(마 19:27).

베드로는 완전한 순종의 사람이었습니다. 그는 예수님을 따르기 위해 모든 것을 버렸습니다. 베드로는 또한 즉각적인 순종의 사람이었습니다. 여러분은 그리스도께서 그에게 "깊은 데로 가서 그물을 내려 고기를 잡으라"(눅 5:4)고 말씀하신 것을 기억합니다. 베드로는 어부로서 밤새 애썼지만 한 마리도 잡지 못하였기 때문에 거기에 고기가 없다는 것을 알았습니다. 그러나 그는 "말씀에 의지하여 내가 그물을 내리리이다"(5:5) 하고 말했습니다. 그는 예수님의 말씀에 복종하였습니다. 뿐만 아니라 그는 큰 믿음의 사람이었습니다. 베드로는 그리스도께서 바다 위를 걸으시는 것을 보고서 "주여 만일 주님이시거든 나를 명하사 물 위로 오라 하소서"(마 14:28) 하고 말했습니다. 그리고 그리스도의 음성을 듣고서 배에서 내려 물 위를 걸었습니다.

그리고 베드로는 영적인 통찰력이 있는 사람이었습니다. 그리스도께서 제자들에게 "너희는 나를 누구라 하느냐"(16:15)고 물으셨을 때 베드로는 "주는 그리스도시요 살아 계신 하나님의 아들이시니이다"(16:16)라고 답변할 수 있었습니다. 그러자 그리스도께서 말씀하셨습니다. "바요나 시몬아 네가 복이 있도다 이를 네게 알게 한 이는 혈육이 아니요 하늘에 계신 내 아버지시니라." 그리고 베드로를 반석의 사람이라고 하시고, 그가 천국 열쇠를 가졌다고 말씀하셨습니다. 베드로는 멋진 사람이었고 예수님의 헌신적인 제자였습니다. 베드로가 오늘날 살아 있다면 사람마다 그가 진보적인 그리스도인이라고 말할 것입니다. 그렇지만 베드로에게는 부족한 것이 참으로 많았습니다!

자기본위의 생활을 한 베드로

그리스도께서 베드로에게 "이를 네게 알게 한 이는 혈육이 아니요 하늘에 계신 내 아버지시니라"고 말씀하신 직후에 자신의 고난에 대해서 말씀하기 시작하시자, 베드로가 감히 "주여 그리 마옵소서 이 일이 결코 주께 미치지 아니하리이다"(16:22) 하고 말한 것을 여러분은 압니다.

그때 그리스도께서 이렇게 말씀하시지 않을 수 없었습니다.

"사탄아 내 뒤로 물러가라 네가 하나님의 일을 생각하지 아니하고 도리어 사람의 일을 생각하는도다"(마 16:24; 참조. 막 8:33; 눅 4:8).

그때 베드로는 제 고집대로 행하며 자기 지혜를 믿고 사실상 그리스도께 가서 죽으시지 못하도록 막았습니다. 이런 태도가 어디에서 왔습니까? 베드로는 자신을 신뢰하였고 하나님의 일들에 대해 자신의 생각을 믿었습니다. 우리는 그 후에 제자들 사이에서 누가 가장 크냐는 다툼이 한 번 이상 있었다는 것을 압니다. 베드로는 제자들 가운데 한 사람이었는데, 자신이 첫 번째 자리를 차지할 권리가 있다고 생각하였습니다. 그는 자신의 명예가 다른 제자들보다 더 높기를 바랐습니다. 그것이 베드로에게서 나타나는 강한 자기본위의 생명이었습니다. 그는 배와 그물을 버렸지만 자신의 옛 자아는 버리지 않았습니다.

그리스도께서 자신의 고난에 대해서 베드로에게 말씀하시고, 또 "사탄아 내 뒤로 물러가라"고 하시고서 이어서 이렇게 말씀하셨습니다. "누구든지 나를 따라오려거든 자기를 부인하고 자기 십자가를 지고 나를 따를 것이니라"(마 16:24). 사람이 이렇게 하지 않는 한 아무도 그리스도를 따를 수 없습니다. 자기를 완전히 부인해야 합니다. 그 말이 무슨 의미입니까? 베드로가 그리스도를 부인할 때 세 번에 걸쳐서 "나는 그 사람을 알지 못하노라"(26:72)고 말한 것을 읽습니다. 다른 말로 하자면 이것입니다. "나는 그 사람과 아무 상관이 없습니다. 그 사람과 나는 친구 사이가 아닙니다. 그 사람과 아무 관계가 없다고 주장합니다." 그리스도께서는 베드로에게 자기를 부인해야 한다고 말씀하셨습니다. 자기를 무시해야 하고, 자기의 모든 요구는 거절해야 합니다. 그것이 참된 제자도의 뿌리입니다. 그러나 베드로는 그 말씀을 이해하지 못하였고, 따라서 그 말씀에 순종할 수 없었습니다. 그리고 어떤 일이 일어났습니까? 마지막 밤이 왔을 때 그리스도께서 그에게 말씀하셨습니다. "닭이 두 번 울기 전에 네가 세 번 나를 부인하리라"(막 14:30).

그러나 베드로는 엄청난 자기 과신으로 함께 이렇게 말했습니다. "모두 주를 버릴지라도 나는 결코 버리지 않겠나이다. 내가 주와 함께 옥에도, 죽는 데에도 가기를 각오하였나이다"(마 26:33; 눅 22:33).

베드로는 솔직한 마음으로 그렇게 말했고, 정말로 그렇게 할 생각이었습니다. 그러나 베드로는 자신을 알지 못하였습니다. 자신이 예수님께서 말씀하신 만큼 나쁜 사람이라고 믿지 않았습니다.

어쩌면 우리는 우리와 하나님 사이에 오는 개별적인 죄들에 대해서 생각할 것입니다. 그러나 지극히 부정한 자기본위의 생명, 곧 우리 본성에 대해서는 어떻게 할 것입니까? 완전히 죄의 세력 아래 놓여 있는 육신에 대해서는 어떻게 할 것입니까? 우리에게 필요한 것은 죄의 세력으로부터 구원받는 것입니다. 베드로는 그 사실을 알지 못했고, 그래서 자기를 과신한 나머지 주님을 부인하고 말았습니다.

그리스도께서 부인한다는 말을 어떻게 두 번 사용하시는지 주의하기 바랍니다. 그리스도께서 처음에는 베드로에게 "자기를 부인하라"(마 16:24)고 말씀하셨고, 두 번째로는 "네가 세 번 나를 부인하리라"(26:34)고 말씀하셨습니다. 부인하는 것은 이 둘 중의 어느 하나입니다. 우리에게는 다른 선택권이 없습니다. 우리는 자기를 부인하든지 아니면 그리스도를 부인할 수밖에 없습니다. 서로 싸우는 큰 두 세력이 있습니다. 즉, 죄의 세력 안에 있는 자기 본성과 하나님의 능력 안에 있는 그리스도가 있습니다. 이 두 세력 가운데 어느 하나가 반드시 우리를 지배할 수밖에 없습니다.

마귀를 만든 것이 바로 자기였습니다. 그는 하나님의 천사였습니다. 그러나 자기를 높이고자 했습니다. 그는 지옥에서 악귀가 되었습니다. 사람의 타락의 원인은 바로 이 자기였습니다. 하와는 자기를 위한 어떤 것을 원하였습니다. 그래서 우리의 첫 부모가 죄의 모든 비참함 가운데 떨어졌습니다. 그들의 자녀인 우리는 죄의 두려운 본성을 물려받았습니다.

베드로의 회개

베드로는 주님을 세 번 부인하였습니다. 그때 주께서 그를 보셨습니다. 주님의 눈길이 베드로의 마음을 깨트렸습니다. 그리고 갑자기 자신이 범한 끔찍한 죄, 발생한 끔찍한 실패, 자기가 떨어진 구렁텅이가 자기 앞에 드러났습니다. 그리고 "베드로는 밖에 나가서 심히 통곡하였습니다."

베드로의 회개가 어떠했을 것이라고 누가 말할 수 있겠습니까? 그 밤 이후, 그리고 다음날, 곧 그리스도께서 십자가에 못 박히고 장사되는 것을 본 때와 그 다음날인 안식일, 틀림없이 그는 이루 말로 다할 수 없는 절망과 수치 가운데서 시간을 보냈을 것입니다!

> 내 주님은 가버리셨고, 내 희망도 사라졌어. 나는 내 주님을 부인했어. 그 사랑의 생활 끝에, 그 복된 3년의 교제 끝에 내 주님을 부인했어. 하나님, 내게 자비를 베풀어 주옵소서!

우리가 그 굴욕의 깊이가 어떠한지 헤아릴 수 있다고 생각하지 않습니다. 베드로는 그때 기가 꺾였습니다. 그러나 그것이 그에게 전환점이었고 변화였습니다. 그 주의 첫 날에 그리스도께서 베드로에게 나타나셨습니다. 그 저녁에 주님은 다른 사람들과 함께 베드로를 만나셨습니다. 그 후에 갈릴리 호숫가에서 베드로에게 자신이 주님을 세 번 부인한 것을 일깨우신다는 생각에 슬픈 마음이 들 때까지 "네가 나를 사랑하느냐"(요 21:15) 하고 물으셨습니다. 그때 베드로는 슬프지만 정직하게 말씀드렸습니다. "주님, 모든 것을 아시오매 내가 주님을 사랑하는 줄을 주님께서 아시나이다"(21:17).

베드로가 변화됨

이제 베드로는 자기로부터 구원받을 준비가 되었습니다. 이것이 마지막으로 생각해 볼 점입니다. 여러분은 그리스도께서 베드로를 다른 사람들과 함께 보좌의 발판으로 오게 하여 거기에서 기다리라고 명하셨다는 것을 압니다. 그 다음 오순절 날에 성령께서 오셨고, 베드로는 사람이 변하였습니다. 나는 여러분이 베드로에게서 일어난 변화, 곧 그 담대함, 능력, 성경을 보는 통찰, 그날 베드로가 복음을 전할 때 보였던 하나님의 은혜에서의 변화만을 생각하지 않기를 바랍니다. 그 점에 대해서 하나님께 감사드립니다. 그러나 베드로에게는 더 깊고 더 나은 어떤 것이 있었습니다. 베드로의 전 본성이 변화된 것입니다. 그리스도께서 베드로를 바라보셨을 때 그의 안에서 시작하신 일이 베드로가 성령으로 충만해졌을 때 완성되었습니다.

여러분이 그 변화를 보고 싶으면 베드로전서를 읽어보십시오. 여러분은 베드로의 실패가 어디에 있었는지 압니다. 베드로가 사실상 "주님은 고난 받으실 수 없습니다. 그것은 있을 수 없는 일입니다"라고 말했을 때, 베드로는 죽음을 지나 생명으로 나간다는 것이 무엇인지 전혀 몰랐다는 것을 드러냈습니다. 그리스도께서는 "너 자신을 부인하라"고 말씀하셨습니다. 그 말씀에도 불구하고 그는 자기 주님을 부인했습니다. 그리스도께서 그에게 "네가 나를 부인하리라"고 경고하셨고 그가 자기는 부인하지 않을 것이라고 주장하였을 때, 베드로는 자기 안에 무엇이 있는지 거의 아무것도 몰랐다는 것을 드러냈습니다. 그러나 베드로의 편지를 읽고 거기에서 베드로가 "너희가 그리스도의 이름으로 치욕을 당하면 복 있는 자로다 영광의 영 곧 하나님의 영이 너희 위에 계심이라"(벧전 4:14) 고 말하는 것을 들을 때, 이것은 옛날 베드로가 아니고, 바로 그리스도의 영께서 그의 속에서 숨 쉬고 말씀하고 계시는 것이라고 나는 말합니다.

나는 또 베드로가 이렇게 말하는 것을 읽습니다. "이를 위하여 너희가 부르심을 받았으니 그리스도도 너희를 위하여 고난을 받으사"(벧전 2:21). 얼마나 놀라운 변화가 그에게 일어났는지 이해가 됩니다. 그리스도를 부인하기보다 자기를 부인하고 십자가에 못 박고 죽음에 넘겨주는 데서 기쁨과 즐거움을 발견하였습니다. 그러므로 사도행전에서 우리는 베드로가 공회 앞에 소환되었을 때 이렇게 담대하게 말할 수 있었던 것을 봅니다. "사람보다 하나님께 순종하는 것이 마땅하니라"(5:29). 또 그가 다른 제자들과 함께 돌아와 자신들이 그리스도의 이름을 위하여 능욕 받는 일에 합당한 자로 여겨졌다는 것을 기뻐할 수 있었다는 기록도 나옵니다.

여러분은 베드로의 자기 과신을 알고 있습니다. 그러나 이제 그는 "오직 마음에 숨은 사람을 온유하고 안정한 심령의 썩지 아니할 것으로 하라 이는 하나님 앞에 값진 것이니라"(벧전 3:4)는 사실을 깨달았습니다. 또 그는 우리에게 "서로 겸손으로 허리를 동이라"(5:5)고 말합니다.

친구 여러분, 제발 완전히 변화된 베드로를 보십시오. 자기를 기쁘게 하고 자기를 과신하며 이기적인 베드로, 죄 많고 끊임없이 말썽을 일으키며 어리석고 충동적인 베드로였지만, 이제는 성령과 예수님의 생명으로 충만해졌습니다. 그리스도께서 성령으로 말미암아 그에게 이러한 변화를 일으키셨습니다.

그러면 내가 이 베드로의 이야기를 아주 간단하게 언급한 목적은 무엇입니까? 그 이야기는 하나님으로 말미암아 정말로 복이 된 모든 신자의 이야기가 되어야 합니다. 그 이야기는 모든 사람이 하늘에 계신 하나님으로부터 무엇을 받을 수 있는지 보여주는 예언입니다.

이제 이 교훈들이 우리에게 가르쳐 주는 바를 아주 간단하게라도 한 번 서둘러서 봅시다.

육신의 세력은 경건한 신자들에게 지금도 강력하게 작용할 수 있다

첫 번째 교훈은 이것입니다. 즉, 여러분이 매우 착실하고 경건하며 헌신적인 신자이지만, 여러분 속에서 육신의 세력이 아직도 매우 강할 수 있다는 것입니다.

이것은 매우 중대한 진리입니다. 베드로는 그리스도를 부인하기 전에 귀신들을 쫓아내고 병든 자를 고쳤습니다. 그럼에도 불구하고 육신은 힘이 있었고, 육신이 그의 안에서 자리를 차지하고 있었습니다. 사랑하는 여러분, 우리는 하나님의 능력이 하나님께서 의도하시는 대로 마땅히 작용해야 하는 만큼 강력하게 우리 속에서 작용하지 못하는 것은 순전히 우리 안에 자기본위의 생명이 그만큼 강하기 때문이라는 사실을 깨달을 필요가 있습니다. 여러분은 크신 하나님께서 복을 배로 주기 원하시고, 우리를 통해 복을 열 배나 주시려고 한다는 것을 압니까? 그러나 그런 하나님을 방해하는 것이 있는데, 그것은 바로 자기본위의 생명입니다. 우리는 베드로의 교만, 그의 성급한 행동, 그의 자기 과신에 대해서 이야기합니다. 이 모든 것이 자기라는 그 한 단어에 뿌리를 박고 있습니다. 그리스도께서 "자기를 부인하라"고 말씀하셨지만, 베드로는 그 말을 이해하지 못하였고 순종하지도 않았습니다. 모든 실패가 거기에서 나왔습니다.

참으로 중요한 생각이자 우리가 참으로 간절히 부르짖어야 할 간구는 이것입니다. "하나님이여, 이 사실을 우리에게 밝히 보여주셔서 우리 가운데 아무도 자기본위의 생활을 하지 않게 하여 주소서!" 오랫동안 그리스도인으로 지냈고 어쩌면 유명한 지위에 있었을 수도 있는 많은 사람에게 일어난 일은 이것입니다. 하나님께서 그 사람을 간파하시고 그에게 자신이 어떤 존재인지 알도록 가르치셨고, 그래서 그가 완전히 수치스럽게 되고 하나님 앞에서 무너져 내려앉게 된 것입니다. 마침내 그가 구원이 있다는 것을 발견하기 전까지 그에게 닥친 부끄러움, 슬픔, 고통, 고뇌는 견디기 어려운 것이었습니다! 베드로는 나가서 심히 통곡하였습니다. 경건한 사람들 가운데는 육신의 세력이 여전히 지배하고 있는 사람이 많이 있을 수 있습니다.

예수님의 일은 자아의 세력을 드러내시는 것입니다

그 다음에 두 번째 교훈은 이것입니다. 즉, 자아의 세력을 드러내시는 것이 찬송받으실 우리 주 예수님의 일이라는 것입니다.

베드로, 곧 육신적인 베드로, 제멋대로 하는 베드로, 자기애가 강한 베드로가 어떻게 오순절의 사람이 되고 베드로서의 저자가 되었습니까? 그것은 그리스도께서 그를 감독하고 지켜보시며 가르치고 복을 주셨기 때문입니다. 그리스도께서 그에게 말씀하셨던 경고는 훈련의 한 부분이었습니다. 그리고 무엇보다도 사랑의 표정이 있었습니다. 고난 가운데서도 그리스도는 그를 잊지 않으시고 돌이켜 그를 바라보셨습니다. 그러자 "베드로가 밖에 나가서 심히 통곡하였습니다"(마 26:75). 베드로를 오순절로 인도하신 그리스도께서는 자기를 기꺼이 그리스도께 드리려고 하는 모든 신자의 마음을 맡으려고 기다리고 계십니다.

누군가는 이렇게 말하지 않겠습니까?

"그것이 내게는 해가 됩니다. 그것은 언제나 자기본위의 생활, 자기위안, 자기의식, 자기를 기쁘게 함, 자기 고집입니다. 내가 어떻게 해야 이것을 없앨 수 있습니까?"

내 대답은 이것입니다. 여러분에게서 그것을 제거하실 수 있는 분은 바로 그리스도이십니다. 그리스도 예수 외에는 아무도 여러분에게 자아의 세력으로부터 구원을 가져다줄 수 없습니다. 그러면 그리스도께서는 여러분에게 무엇을 하라고 요구하십니까? 그리스도께서는 여러분에게 그리스도 앞에서 겸손하라고 요구하십니다.

제 5 장

사람이 할 수 없는 것을
하나님은 하실 수 있느니라

"이르시되 무릇 사람이 할 수 없는 것을 하나님은 하실 수 있느니라."

― 누가복음 18:27

그리스도께서 젊은 부자 관원에게 이같이 말씀하셨습니다. "네게 있는 것을 다 팔아 가난한 자들에게 나눠 주라……그리고 와서 나를 따르라"(눅 18:22). 그 청년은 근심하며 갔습니다. 그러자 그리스도께서 제자들을 보시고 말씀하셨습니다. "부자는 천국에 들어가기가 어려우니라!"(마 19:23). 그러자 제자들이 깜짝 놀라서 이렇게 답변했다는 것을 우리는 압니다. "천국에 들어가기가 그렇게 어렵다면, 누가 구원을 얻을 수 있으리이까?" 이에 그리스도께서 이 복된 말씀으로 답변하셨습니다. "무릇 사람이 할 수 없는 것을 하나님은 하실 수 있느니라."

본문에는 다음 두 가지 생각이 들어 있습니다. 즉, 종교에서 구원의 문제와 거룩한 생활을 통해 그리스도를 따르는 문제는 사람으로서 할 수 없는 일이라는 것입니다. 그 다음에 그와 더불어 또 한 가지 생각할 점은 사람에게 불가능한 일이 하나님께는 가능하다는 것입니다.

이 두 가지 생각은 사람이 신앙생활에서 배워야 하는 중요한 두 가지 교훈을 표시합니다. 첫 번째 교훈, 즉 종교에서 사람이 할 수 있는 것이 아무것도 없다는 것, 즉 구원을 얻는 것이 사람에게 불가능한 일이라는 것을 배우려면 종종 오랜 시간이 걸립니다. 그런데 사람이 그 교훈을 배우면서도 두 번째 교훈, 즉 사람에게는 불가능했던 일이 하나님께는 가능하다는 사실은 배우지 못하는 경우가 종종 있습니다. 이 두 교훈을 모두 배우는 사람은 복이 있습니다! 이 두 교훈을 배우느냐 배우지 못하느냐는 것이 그 사람이 그리스도인 생활에서 어느 단계에 있는지를 표시해줍니다.

사람으로서는 할 수 없습니다

이 단계는 사람이 있는 힘을 다해 노력하지만 실패하고, 다시 더 낫게 해보려고 하지만 또 실패하고, 훨씬 더 애를 써 보지만 언제나 실패하는 때입니다. 그렇지만 아주 많은 경우에 바로 그때에도 사람은 이 교훈, 즉 사람으로서는 하나님과 그리스도를 섬기는 일이 불가능하다는 교훈을 배우지 못합니다. 베드로는 그리스도의 학교에서 3년을 보냈습니다. 그렇지만 그가 밖에 나가서 심히 통곡하기 전까지는 그 일이 불가능하다는 것을 배우지 못했습니다. 그런 비통한 경험을 하고 나서야 비로소 배웠습니다.

이 교훈을 배우고 있는 사람을 잠깐 한 번 봅시다. 처음에 그는 이 교훈에 맞서 싸우고, 그 다음에 그 교훈을 받아들이는데 마지못해 절망 가운데 받아들입니다. 그리고 마침내는 그 교훈을 기꺼이 받아들이고 기뻐합니다.

그리스도인의 생활을 처음 시작할 때 어린 신자는 이 진리를 전혀 알지 못합니다. 그는 막 회심을 한 뒤라 마음으로 주님을 기뻐하고 경주를 시작하며 전투에서 싸움을 시작합니다. 그리고 자신이 진실하고 정직하므로 하나님께서 자기를 도우실 것이므로 틀림없이 싸움에서 이길 수 있다고 확신합니다. 그런데 웬일인지 얼마 안 되어 곧 그는 전혀 예상하지 못한 곳에서 실패하고 죄가 그를 이깁니다. 그는 실망합니다. 하지만 이렇게 생각합니다. '내가 충분히 조심하지 못했어. 결심을 단단히 하지 못했어.' 그리고 그는 다시 맹세하고 다시 기도합니다. 그런데 또 실패합니다. 그는 전에 이렇게 생각했습니다. '내가 중생한 사람이 아닌가? 내 속에 하나님의 생명이 있지 않은가?' 이번에는 이렇게 생각합니다. '그래, 내게는 나를 도우시는 그리스도께서 계셔. 나는 거룩한 생활을 할 수 있어.'

좀 더 시간이 지난 뒤에 그는 또다른 마음 상태에 이릅니다. 그런 생활이 불가능하다는 것을 알기 시작하지만 그 사실을 받아들이지 않습니다. "나로서는 할 수 없다"는 것을 깨닫고 나서는 하나님께서 자기들이 할 수 없는 것을 하기를 바라셨던 것은 아니라고 생각하는 그리스도인들이 많습니다. 여러분이 그들에게 하나님께서는 여러분이 할 수 없는 일을 하기를 바라신다고 말한다면, 그들에게는 그것이 수수께끼로 보입니다. 훌륭한 그리스도인들 가운데 "나로서는 할 수 없어. 그것은 불가능한 일이라"는 것을 알기 시작한 탓으로 안식과 승리의 생활 보다는 저급한 생활, 곧 실패와 죄의 생활을 하는 사람들이 많습니다. 그런데 그들은 그 사실을 충분히 알지 못하고 "나로서는 할 수 없다"고 생각하여 절망에 빠지고 맙니다. 그들은 최선을 다하려고 하지만 결코 아주 멀리 갈 것이라고 생각하지 않습니다.

그러나 하나님은 자기 자녀들을 세 번째 단계로 인도하십니다. 즉, "그것이 불가능하다"는 것을 충분한 사실로 받아들이면서도 동시에 "나는 그 일을 해야 하고, 또 할 거야. 사람으로서는 할 수 없는 일이지만 그럼에도 불구하고 나는 해야 해"라고 말하는 경우에 이르게 됩니다. 거듭난 사람이 온 힘을 다하고 간절한 열망과 기도로 하나님께 "주여, 이것이 무슨 의미입니까? 내가 어떻게 죄의 권세에서 해방되었습니까?" 하고 외치기 시작할 때에 이르게 됩니다.

바로 이것이 로마서 7장에 나오는 중생한 사람의 상태입니다. 거기에서 여러분은 그리스도인이 거룩한 생활을 하기 위해 최선을 다하는 모습을 볼 것입니다. 하나님의 율법이 그에게는 마음의 깊은 소원까지 살피는 것으로 계시되었습니다. 그래서 그는 감히 이렇게 말할 수 있습니다.

"나는 속사람을 따라 하나님의 법을 기뻐합니다. 선한 것을 행하려고 하는 뜻이 내게 있습니다. 내 마음은 하나님의 법을 사랑하고, 내 의지는 그 법을 선택하였습니다."

마음으로 완전히 하나님의 법을 즐거워하고 옳은 것을 행하기로 굳게 결심한 사람이 그런 실패를 좋아할 수 있겠습니까? 그렇습니다. 바로 그것이 로마서 7장이 우리에게 가르치는 바입니다. 그 이상의 어떤 것이 필요합니다. 우리는 속사람을 따라 하나님의 법을 기뻐하고 또 하나님이 바라시는 것을 하려고 해야 할 뿐만 아니라 또한 내 안에서 그것을 행하는 하나님의 전능한 힘이 필요합니다. 그것이 바울이 빌립보서 2:13에서 가르치는 바입니다. "너희 안에서 행하시는 이는 하나님이시니 자기의 기쁘신 뜻을 위하여 너희에게 소원을 두고 행하게 하시나니."

여기서 대비되는 점에 유의할 필요가 있습니다. 로마서 7장에서는 중생한 사람이 이렇게 말합니다. "하려는 뜻이 내 속에 있으나 하려고 해보면, 내가 할 수 없다는 것을 안다. 내가 하려고 하지만 행할 능력이 없다." 그러나 빌립보서 2장에서는 한 걸음 더 나아간 사람, 곧 하나님께서 거듭난 의지를 주셨을 때는 그 의지가 바라는 바를 성취할 능력도 주실 것을 아는 사람을 봅니다. 우리는 영적 생활에서 이 중요한 첫 번째 교훈을 받아들이도록 합시다. 즉, 이렇게 말합시다. "나의 하나님이여, 나로서는 할 수 없습니다. 육신과 육신의 모든 능력을 끝내고 자기를 끝내게 해 주십시오. 스스로 어떻게 할 수 없는 것을 자랑거리로 여기게 하소서."

우리를 무력하게 만드는 이 신성한 가르침에 대해 하나님께 감사합시다!

여러분이 하나님께 완전히 순종했다고 생각했을 때, 여러분 자신을 끝내게 되었고, 여러분이 어떻게 하면 실제로 그 날 매순간, 식탁에서든 집에서든 사업장에서든 시련과 시험 가운데서도 하나님께 완전히 순종한 사람으로서 살 수 있는지를 알 수 있게 되었다고 느끼지 않았습니까? 제발 지금 이 교훈을 배우십시오. 여러분이 완전히 순종할 수 없다고 느낄지라도, 여러분이 하나님의 인도를 받는다면 바른 길에 서 있는 것입니다. 그 위치를 받아들이고 하나님 앞에서 그 위치를 유지하도록 하십시오. "하나님이여, 내 마음의 소원과 기쁨은 완전한 순종입니다. 하지만 나는 그것을 이룰 수가 없습니다. 나로서는 그 생활을 할 수가 없습니다. 그것은 내 능력을 넘어서는 일입니다." 여러분이 스스로 도무지 어떻게 할 수 없을 때 하나님께서 오셔서 여러분 속에서 행할 마음을 일으키실 뿐만 아니라 또한 행하게도 만드실 것입니다.

하나님은 하실 수 있습니다

이제 두 번째 교훈에 대해서 생각해 봅시다. "무릇 사람이 할 수 없는 것을 하나님은 하실 수 있느니라"(눅 18:27).

조금 전에 나는 그것이 사람으로서는 할 수 없는 일이라는 것을 배우고서 무기력한 절망 가운데 포기하고 기쁨도 힘도 승리도 없이 비참한 그리스도인의 생활을 하는 사람이 많다는 말을 했습니다. 왜 그렇습니까? 그것은 그 사람이 또다른 교훈, 곧 "하나님으로서는 다 하실 수 있느니라"(마 19:26)는 교훈을 겸손히 배우지 않기 때문입니다.

여러분의 신앙생활은 하나님께서 불가능한 일들을 행하신다는 것을 매일 증거해야 합니다. 여러분의 신앙생활은 불가능한 일들이 하나님의 전능한 능력에 의해 가능하게 되고 현실적인 것이 되는 일의 연속이 되어야 합니다. 바로 이것이 그리스도인에게 필요한 일입니다. 그리스도인은 전능한 하나님을 예배하는 사람입니다. 따라서 그는 자신이 하나님의 능력이 조금 필요한 것이 아니라, 자신을 올바르게 붙들고 그리스도인답게 살기 위해서는 하나님의 전능하심 전체가 필요하다는 것을 아는 법을 배워야 합니다.

기독교는 전부 하나님의 전능하심으로 빚은 작품입니다. 그리스도 예수의 탄생을 보십시오. 그것은 하나님의 능력으로 말미암은 기적이었습니다. 마리아는 이 말을 들었습니다. "대저 하나님의 모든 말씀은 능하지 못하심이 없느니라"(눅 1:37). 그것은 하나님의 전능하심이었습니다. 그리스도의 부활을 보십시오. 하나님께서 그리스도를 죽은 자들 가운데서 일으키신 것은 그의 능력의 심히 큰 것으로 말미암은 일이었다고 우리는 배웁니다.

모든 나무가 싹이 나온 뿌리로부터 자랍니다. 3백년 된 떡갈나무는 처음에 싹이 터서 자란 그 뿌리로부터 내내 자랍니다. 기독교는 하나님의 전능하심에서 시작되었고, 모든 영혼 속에서 기독교는 하나님의 전능하심으로 말미암아 존속됩니다. 고귀한 그리스도인 생활을 가능하게 하는 모든 일들은 우리 속에서 하나님의 모든 뜻을 행하게 만드는 그리스도의 능력을 새롭게 이해하는데서 시작됩니다.

나는 이제 여러분에게, 와서 전능하신 하나님을 예배하라고 말하고 싶습니다. 여러분은 전능하신 하나님을 예배하는 법을 배웠습니까? 하나님의 전능하심이 여러분 속에서 작용하고 있다는 것을 알 만큼 전능하신 하나님과 긴밀한 관계를 맺는 법을 배웠습니까? 겉으로 볼 때는 하나님의 전능하심이 여러분 속에서 작용하고 있다는 표시가 거의 나타나지 않는 일이 많습니다. 사도 바울은 이렇게 말했습니다.

"내가 너희 가운데 거할 때에 약하고 두려워하고 심히 떨었노라 ······내 전도함이······ 성령의 나타나심과 능력으로 하려 하였노라"(고전 2:3-4).

인간적인 면에서 약함이 있었지만 하나님의 편에서는 하나님의 전능하심이 있었습니다. 그리고 바로 그 사실은 모든 경건한 생활에 적용됩니다. 우리가 그 교훈을 더 잘 배우려 하고 온 마음을 다해 그 교훈에 복종하려고만 한다면, 매 시간 매 순간 전능하신 하나님과 함께 거하는 일에 얼마나 큰 복이 있는지 틀림없이 배우게 될 것입니다. 여러분은 성경에서 하나님의 전능하심이라는 속성을 공부한 적이 있습니까? 여러분은 세상을 창조하고 어둠 가운데서 빛을 지으시며 사람을 창조한 것이 하나님의 전능하심이었다고 압니다. 그러면 구속 사역에서 하나님의 전능하심을 공부한 적은 있습니까?

아브라함을 보십시오. 하나님께서 아브라함을 그리스도가 태어날 민족의 조상으로 부르셨을 때 그에게 이렇게 말씀하셨습니다. "나는 전능한 하나님이라 너는 내 앞에서 행하여 완전하라"(창 17:1). 하나님께서는 아브라함이 하나님을 전능하신 분으로 믿도록 훈련하셨습니다. 그가 알지 못하던 땅으로 나아가는 일이었든지 아니면 알지는 못하지만 수많은 가나안 족속들 가운데서 행하는 순례자로서 믿음으로 "여기는 내 땅이다"고 말하는 일이었든지, 혹은 그것이 아무 희망이 없는 늙은 나이에 25년 동안 아들을 기다리는 그의 믿음이었든지, 혹은 모리아 산에서 이삭을 제물로 드리려고 했을 때 이삭을 죽은 자들 가운데서 일으키는 일이었든지 간에 아브라함은 하나님을 믿었습니다. 아브라함은 믿음이 굳세어서 하나님께 영광을 돌려 드렸는데, 이는 하나님을 약속하신 것을 능히 이루실 분으로 믿었기 때문입니다.

여러분의 그리스도인 생활이 힘이 없는 이유는 여러분이 그리스도인 생활의 한 부분을 행하고 하나님께서 여러분을 도우시게 하려고 하기 때문입니다. 그것은 이루어질 수 없는 일입니다. 여러분은 자신이 철저히 무력하다는 것을 깨닫고 하나님께서 일하시도록 해야 합니다. 그러면 하나님께서 멋지게 일하실 것입니다. 우리가 정말로 하나님을 위한 일꾼이 되려고 한다면 우리에게 필요한 것이 바로 이것입니다. 나는 모세가 이스라엘을 애굽에서 인도하여 내었을 때, 또 여호수아가 이스라엘을 가나안 땅으로 인도하여 들였을 때, 그들과 또 구약에 나오는 하나님의 모든 종들이 어떻게 하나님의 전능하심이 불가능한 일들을 이룰 수 있게 만들었는지를 성경을 조사해서 증명할 수 있을 것입니다. 그리고 이 하나님이 오늘날 살아계시며, 이 하나님이 그의 모든 자녀의 하나님이십니다.

그런데도 우리 가운데 어떤 이들은 하나님께서 바라시는 바가 무엇인지 알고 와서 "나는 아무것도 할 수가 없습니다. 하나님께서 모든 일을 하셔야 하고 또 하실 것입니다"라고 말하지 않고, "우리가 최선을 다

하는 동안 우리를 조금 도와주시기를 바랍니다"라고 말합니다. 여러분은 이렇게 말해 본 적이 있습니까?

> "예배에서나 일에서, 성화에서, 하나님께 순종하는 일에서 나는 스스로 할 수 있는 것이 아무것도 없습니다. 그래서 내가 있어야 할 자리는 전능하신 하나님을 예배하고, 하나님께서 모든 순간 내 안에서 일하실 것이라고 믿는 것입니다."

하나님께서 우리에게 이 사실을 가르쳐 주시기 바랍니다! 여러분이 얼마나 놀라운 하나님을 모시고 있는지, 여러분이 얼마나 크신 하나님께 자기를 맡긴 것인지, 즉 모든 전능하신 능력으로 자신을 그의 모든 자녀의 뜻에 기꺼이 맡기시는 전능하신 하나님을 모시고 있고, 그 하나님께 자신을 의탁한 것임을 하나님께서 은혜로 여러분에게 보여주시기를 바랍니다! 우리가 주 예수님의 교훈을 받아들이고 이렇게 말하지 않겠습니까? "아멘. 무릇 사람이 할 수 없는 것을 하나님은 하실 수 있느니라"(눅 18:27).

우리가 앞에서 베드로에 대해 한 말을 기억하시기 바랍니다. 자기 과신, 자기 능력, 자기 뜻에 대해서 이야기했고, 어떻게 그가 자기 주님을 부인하게 되었는지에 대해서 이야기했습니다. 여러분은 "아, 자기 본위의 생활이 있고, 내 속을 지배하는 육신의 생활이 있구나" 하고 느낍니다. 이제 여러분은 그런 생활로부터 구원받을 수 있다고 믿었습니까? 전능하신 하나님은 아주 능력이 있어서 여러분 마음속에 그리스도를 계시하고, 성령께서 여러분 안에서 다스리시게 한다는 것을 믿고, 또 자기본위의 생활이 여러분을 지배하지 못할 것이라고 믿었습니까? 여러분은 이 두 가지를 연결시키고, 회개의 눈물과 자신의 약함을 아는 깊은 겸손으로 이렇게 외친 적이 있습니까? "하나님이여, 그것이 내게는 불가능한 일입니다. 사람은 그 일을 할 수 없지만, 하나님으로서는 하실 수 있으니, 하나님의 이름에 영광을 돌립니다." 여러분은 구원을 요구한 적이 있습니까? 지금 그렇게 하십시오. 다시금 완전한 순종 가운데 무한하신 사랑의 하나님의 손에, 그 사랑만큼이나 사랑을 행하는 능력이 무한한 하나님의 손에 자신을 완전히 맡기십시오.

하나님께서 사람 안에서 일하십니다

다시 한 번 우리는 완전한 순종의 문제를 만나게 되었고, 그리스도의 교회에 필요한 것이 바로 그것이며, 그 점이 부족하기 때문에 성령께서 우리를 채우실 수 없고, 우리가 전적으로 성령께 구별된 사람으로 살 수 없으며, 또 육신과 자기본위의 생활을 극복할 수도 없는 것을 느꼈습니다. 우리는 예수님처럼 완전히 하나님께 순종한다는 것이 무엇인지 알지 못했습니다. 나는 많은 사람이 진실하고 정직하게 이렇게 말한다는 것을 압니다. "아멘, 나는 하나님께 완전히 순종해야 한다는 메시지를 받아들입니다." 그렇지만 이 점을 생각합니다.

'도대체 완전한 순종이 내가 할 수 있는 일인가? 하나님께서 나를 두고 하늘에서나 땅에서, 지옥에서 그는 하나님께 완전히 순종하는 삶을

산다고 말할 사람으로 만드실 수 있다고 기대하는가?'

형제, 자매 여러분, "무릇 사람이 할 수 없는 것을 하나님은 하실 수 있습니다." 하나님께서 그리스도 안에서 여러분을 맡으실 때는 하나님께서 여러분을 완전히 순종하는 사람으로 만드실 수 있다는 것을 확실히 믿으십시오. 그리고 하나님은 완전한 순종의 상태를 유지하도록 하실 수 있습니다. 하나님은 여러분이 매일 아침 잠자리에서 일어날 때마다 직접적으로든 간접적으로든 이런 복된 생각을 하게 하실 수 있습니다. '나는 하나님의 관리 하에 있다. 내 하나님께서 지금 나를 위해 내 삶을 세워가고 계신다.'

어떤 사람들은 성화에 관해 생각하는 것을 싫어합니다. 여러분은 성화를 위해 기도하고, 그동안 성화를 열망하고 부르짖어 왔지만 그것은 아주 멀리 있는 것처럼 보였습니다! 예수님의 거룩하심과 겸손, 여러분은 그것이 자신에게서 너무도 멀리 있는 것으로 생각합니다. 사랑하는 친구 여러분, 성경적이며 현실적이고 실제적인 성화의 교리는 이것입니다. "무릇 사람이 할 수 없는 것을 하나님은 하실 수 있느니라." 하나님은 사람을 성화시키실 수 있습니다. 매 순간 거룩하게 하는 전능하신 능력으로 사람들을 지키실 수 있습니다. 우리가 지금 우리 하나님께 한 걸음 더 가까이 갈 수 있으면 좋겠습니다! 하나님의 빛이 비치고, 그래서 우리가 우리 하나님을 좀 더 알게 되었으면 좋겠습니다!

나는 우리 안에 계신 그리스도의 생명, 곧 그리스도처럼 사는 것, 그리스도를 죄로부터 구원하신 우리의 구주요 우리의 생명이자 힘으로 받아들이는 것에 관해 이어서 말할 수 있을 것입니다. 그 사실을 여러분 속에 계시하실 수 있는 분은 바로 하늘에 계신 하나님이십니다. 바울 사도는 무엇이라고 기도합니까? "그의 영광의 풍성함을 따라 그의 성령으로 말미암아 너희 속사람을 능력으로 강건하게 하시기를 구하노라"(엡 3:16)고 합니다. 그 일이 하나님의 영광의 풍성함을 따라 된다면 틀림없이 아주 놀라운 일이 될 것입니다. 여러분은 전능하신 하나님께서 믿는 자기 자녀들의 마음속에서 전능하신 능력으로 일하심으로 그리스도께서 우리 속에 내주하시는 구주가 되실 수 있다는 것이 보이지 않습니까? 그동안 여러분은 그 사실을 파악하려 하고 붙잡으려고 하였으며 믿으려고 애썼지만, 파악되지 않았을 것입니다. 그것은 여러분이 "무릇 사람이 할 수 없는 것을 하나님은 하실 수 있느니라"는 사실을 믿지 않았기 때문입니다.

그래서 나는 사랑에 관한 그 말을 들을 때, 많은 사람들이 사랑이 전적으로 새로운 방식으로 우리에게 유입되어야 하고, 생명이 종일 넘쳐흐르려면 우리 마음이 위로부터, 곧 영원한 사랑의 샘으로부터 흘러나오는 생명으로 충만해야 하고, 그러면 어린 양이 유순하고 이리가 무자비한 것이 자연스러운 일이듯이 우리가 다른 사람들을 사랑하는 것도 그만큼 자연스러운 일이 된다는 것을 알게 될 수 있다고 믿습니다. 사람이 나를 미워하고 내게 대해 험담을 하면 할수록, 사람이 싫고 불쾌하게 되면 될수록 나는 한층 더 그 사람을 사랑할 것입니다. 장애물과 미움과 배은망덕이 있으면 있을수록, 사랑의 능력이 내 안에서 승리를 거둘 수 있으면 있을수록 나는 한층 더 그 사람을 사랑할 것입니다. 곧, 사람으로서는 할 수 없다는 사실을 알게 되기 전까지, 나는 "사람으로서는 할 수 없다"는 말을 하지 않을 것입니다. 그러나 여러분이 마침내 "이 메시지는 내게 사랑은 전적으로 내 능력 밖의 일이라고, 즉 그것은 완전히 불가능한 일임을 가르쳐 주었다"고 말하게 되었다면, 비로소 우리는 하나님께 와서 "이것이 주님께는 가능한 일입니다"라고 말할 수 있습니다.

하나님께 대 부흥운동이 일어나게 해주시라고 부르짖는 사람들이 있습니다. 그것은 나도 마음으로 끊임없이 드리는 기도입니다. 하나님께서 믿는 자기 백성들을 소생시키시려고 하기만 한다면 좋겠습니다! 나는 교회의 회심하지 않은 형식주의자들이나 무신론자들, 회의주의자들, 혹은 주변의 멸망하는 비참한 모든 사람들을 먼저 생각할 수 없습니다. 그보다 내 마음은 먼저 "나의 하나님이여, 주님의 교회와 백성들을 부흥시켜 주옵소서" 하고 기도합니다. 많은 사람들의 마음속에 거룩함과 헌신에 대한 갈망이 있다는 것이 아무 의미 없는 것이 아닙니다. 그것은 하나님의 능력이 임할 것을 알려주는 전조입니다. 하나님은 자기 백성들에게 하려는 마음을 갖도록 일하시고, 그 다음에는 행하도록 일하십니다. 이런 갈망이 하나님께서 자기 백성으로 하여금 하려는 뜻을 갖도록 일하셨다는 증언이자 증거입니다. 우리는 전능하신 하나님께서 자기 백성들 가운데서 우리가 구할 수 있는 것 이상으로 행하도록 일하실 것이라고 믿읍시다. 바울은 "우리가 구하거나 생각하는 모든 것에 더 넘치도록 능히 하실 이에게……영광이 대대로 영원무궁하기를 원하노라"(엡 3:20,21)고 하였습니다. 우리도 마음으로 그렇게 말합시다. 하나님께, 곧 우리가 구하거나 생각하는 모든 것에 더 넘치도록 능히 하실 전능하신 하나님께 영광을 돌립시다!

"무릇 사람이 할 수 없는 것을 하나님은 하실 수 있느니라." 여러분 주위에 온통 죄와 슬픔의 세계가 있고, 마귀가 거기에 있습니다. 그러나 그리스도께서 보좌에 계시며, 그리스도는 더 강하신 분이고, 그가 이기셨고 또 이기실 것입니다. 하나님을 바라십시오. 본문은 우리를 내던집니다. "무릇 사람이 할 수 없느니라." 그러나 본문은 결국 우리를 높이 들어 올립니다. 즉, "하나님은 하실 수 있느니라"고 말합니다. 하나님을 붙잡으십시오. 여러분 자신의 생명뿐만 아니라 여러분에게 맡겨진 모든 영혼들을 위해서도 하나님을 전능하신 분으로 경배하고 신뢰하십시오. 기도할 때는 하나님의 전능하심을 찬미하며 이렇게 말하십시오. "능하신 하나님, 주님의 전능하심을 베풀어 주시옵소서." 그러면 기도에 대한 응답이 올 것이고, 여러분은 약속하신 하나님이 또한 능히 이루실 수 있다고 믿기 때문에 아브라함처럼 믿음이 굳세어지고 하나님께 영광을 돌릴 것입니다.

제 6 장

오호라 나는 곤고한 사람이로다!

> "오호라 나는 곤고한 사람이로다 이 사망의 몸에서 누가 나를 건져내랴 우리 주 예수 그리스도로 말미암아 하나님께 감사하리로다." — 로마서 7:24-25

여러분은 로마 교회 교인들에게 보낸 이 놀라운 편지에서 본문이 차지하고 있는 놀라운 위치를 압니다. 본문은 여기 7장의 끄트머리에서 8장으로 들어가는 입구로 서 있습니다. 8장의 처음 16절에서 성령이라는 이름이 열여섯 번 나옵니다. 거기에서 우리는 하나님의 자녀가 성령의 능력으로 살 수 있는 생활에 대한 묘사와 약속을 봅니다. 이것은 2절에서 시작됩니다. "그리스도 예수 안에 있는 생명의 성령의 법이 죄와 사망의 법에서 너를 해방하였음이라." 여기서부터 바울은 성령의 인도를 받게 되어 있는 하나님 자녀의 큰 특권들에 대해 계속해서 이야기합니다. 이 모든 특권으로 들어가는 입구가 7장 24절에 있습니다. "오호라 나는 곤고한 사람이로다!"

여기서 여러분은 자신에 대해 끝을 낸 사람의 말을 듣습니다. 사도는 앞 구절들에서 자신이 어떻게 하나님의 거룩한 법에 순종하려고 자기 힘으로 분투노력했고 또 실패했는지에 대해서 기술하였습니다. 그는 이제 그 질문에 대한 바른 답을 발견하고 이렇게 소리칩니다. "우리 주 예수 그리스도로 말미암아 하나님께 감사하리로다"(롬 7:25). 거기에 이어서 자신이 발견한 구원이 어떤 것인지에 대해 이야기해 나갑니다.

나는 이 말에 근거해서 사람이 노예의 영에서 벗어나서 자유의 영에 이를 수 있는 길을 설명하고 싶습니다. 여러분은 사도가 얼마나 분명하게 "너희는 다시 무서워하는 종의 영을 받지 아니하였느니라"(8:15)고 말하였는지 압니다. 우리는 다시 종의 상태로 돌아가는 이것이 그리스도인 생활의 큰 위험이라는 것에 대해서 계속해서 경고를 받습니다. 나는 사람이 종의 신분에서 벗어나 하나님의 자녀의 영광의 자유에 이를 수 있는 길에 대해 설명하고 싶습니다. 더 정확히 말하자면, 나는 자유의 영에 이른 사람 자체에 대해 묘사하고 싶습니다.

첫째로, 이 말은 중생한 사람의 언어입니다. 둘째로, 무능력한 사람의 언어이고, 셋째로 비참한 사람의 언어입니다. 그리고 넷째로 완전한 자유에 이제 막 이르려고 하는 사람의 언어입니다.

중생한 사람

7장 14절부터 23절에 이르는 구절들에서 중생을 보여 주는 증거가 많이 나옵니다. "이제는 그것을 행하는 자가 내가 아니요 내 속에 거하는 죄니라." 이것은 중생한 사람, 곧 자신의 마음과 본성이 새로워졌고, 죄가 이제는 그의 속에 있는 한 세력이지만 그 자신은 아니라는 것을 아는 사람의 언어입니다. "속사람으로는 하나님의 법을 즐거워하노라"(7:22). 이것 역시 중생한 사람의 언어입니다. 그는 자신이 악을 행할 때조차도 용기를 내어 이렇게 말합니다. "이제는 그것을 행하는 자가 내가 아니요 내 속에 거하는 죄니라." 이 말을 이해하는 것이 대단히 중요합니다.

바울 사도는 로마서 처음에 나오는 주요 두 단락에서 칭의와 성화를 다룹니다. 칭의의 문제를 다루면서 그는 죄에 관해 가르치는데, 단수로서 죄가 아니라 복수로서 죄들, 곧 실제적인 위법 행위들을 다루는 데서 칭의의 교리의 기초를 놓습니다. 5장 후반부에서 사도는 죄를 다루기 시작하는데, 실제적인 위법 행위로서 죄가 아니라 하나의 세력으로서 죄를 다루기 시작합니다. 만일 우리에게 로마서 7장 후반부의 교훈이 없었다면, 즉 바울 사도가 그의 가르침에서 신자의 죄라는 지극히 중요한 이 문제를 빼먹었다면, 그것이 우리에게 얼마나 큰 손실이었을지 한 번 생각해 보시기 바랍니다. 우리 모두 신자 속에 있는 죄에 관해 답을 듣고 싶은 문제를 놓치고 말았을 것입니다. 그 대답은 무엇입니까? 중생한 사람은 그 의지가 새롭게 되어 "내 속사람으로는 하나님의 법을 즐거워하노라"고 말할 수 있다는 것입니다.

무력한 사람

많은 그리스도인들이 범하는 중요한 실수가 있습니다. 그들은 새롭게 된 의지가 있으면 그것으로 충분하다고 생각합니다. 그러나 그것은 사실이 아닙니다. 중생한 이 사람은 말합니다. "내게 선을 행하고자 하는 원함은 있으나 선을 행할 능력은 없노라." 사람들은 아주 흔히 여러분이 마음을 굳게 먹으면 하고자 하는 바를 실행할 수 있다고 말합니다! 그런데 이 사람은 어느 누구 못지않게 굳게 마음먹었지만 결국 이런 고백을 하였습니다. "원함은 내게 있으나 선을 행하는 것은 없노라"(7:18).

그러면 여러분은 이렇게 묻습니다.

"어떻게 하나님은 중생한 사람이 그런 고백을 하게 만드시는가? 바른 뜻을 갖고 있고, 선을 행하기를 간절히 바라며, 있는 힘을 다해 하나님을 사랑하기를 간절히 바라는 마음을 가진 사람이 그런 고백을 하게 만드시는가?"

이 질문을 살펴봅시다. 하나님께서는 우리에게 무슨 목적을 위해 의지를 주셨습니까? 타락한 천사들이 자기 의지로 설 수 있는 힘을 갖게 되었습니까? 결코 아닙니다. 피조물의 의지는 하나님의 능력을 나타내게 되어 있는 빈 그릇에 지나지 않습니다. 피조물은 자신이 나타내게 되어 있는 모든 것을 하나님 안에서 구해야 합니다. 빌립보서 2장에서 그 점을 보는데, 하나님의 활동이 우리 안에 그의 기뻐하시는 선한 뜻을 행하고자 하는 마음을 일으키시고 또 행하게도 만드신다는 사실을 여기서도 봅니다. "하나님은 지금까지 내가 하나님의 기뻐하시고 선한 뜻을 행하도록 내 안에서 활동하신 적이 없다"고 말하는 사람이 있습니다. 그러나 우리는 하나님께서 행할 마음을 일으키시고 또 행하게도 만드신다고 배웠습니다. 모순처럼 보이는 이 사실을 어떻게 조화롭게 만들 수 있습니까?

여러분은 이 단락(롬 7:6-25)에서 성령의 이름이 한 번도 나오지 않고 그리스도의 이름도 나오지 않는다는 것을 발견할 것입니다. 성령과 그리스도의 이름이 나오기보다는 율법이라는 말이 거의 20번 가깝게 언급됩니다. 이 장에서는 신자가 중생한 의지를 가지고 하나님의 율법에 순종하기 위해 최선을 다하는 모습이 나옵니다. 이뿐만 아니라 또한 여러분은 나(I), 내게(me), 나의(my)라는 사소한 단어들이 40번 이상 나오는 것을 발견할 것입니다. 그것은 중생은 했지만, 성령의 충만함을 받지 못한 채 율법에 순종하려고 애쓰는 무력한 나입니다. 이것은 거의 모든 성도가 겪는 경험입니다. 회심 후에 사람은 최선을 다하기 시작하고 또 실패합니다. 그러나 우리가 충만한 빛을 받게 되면 더 이상 실패할 필요가 없습니다. 우리가 회심할 때 성령을 충만히 받았다면 전혀 실패할 필요가 없습니다.

하나님께서 이런 실패를 허용하시는 것은 중생한 사람이 자신의 전적인 무능력을 배우도록 하기 위해서입니다. 이 싸움의 과정에서 우리는 자신의 철저한 죄악성을 깨닫게 됩니다. 그것이 하나님께서 우리를 다루시는 방식입니다. 하나님은 사람이 율법을 지키기 위해 애쓰도록 허락하시는데, 사람이 그렇게 노력하고 씨름함으로써 이 사실을 깨닫게 하시려는 것입니다. "내가 하나님의 중생한 자녀이지만 하나님의 율법을 지키는 데는 완전히 무력하다." 이 상태를 묘사하기 위해 이 장 전체에 걸쳐서 얼마나 강한 단어들이 사용되고 있는지 보십시오. "나는 육신에 속하여 죄 아래에 팔렸도다"(7:14). "내 지체 속에서 한 다른 법이 나를 사로잡는 것을 보는도다"(7:23). 그리고 두엇보다 이 말씀이 있습니다. "오호라 나는 곤고한 사람이로다 이 사망의 몸에서 누가 나를 건져내랴?" 여기서 엎드려 깊이 통회하는 이 신자는 하나님의 율법을 전혀 지킬 수 없습니다.

비참한 사람

이런 고백을 하는 이 사람은 중생한 사람이며 무력한 사람일 뿐만 아니라 또한 비참한 사람입니다. 그는 아주 불행하고 비참합니다. 그러면 무엇이 그를 그처럼 비참하게 만듭니까? 그것은 하나님께서 그에게 자기를 사랑하는 본성을 주셨기 때문입니다. 그는 자신이 하나님께 순종하고 있지 않다는 것을 알기 때문에 아주 비참합니다. 그는 상한 심령으로 이렇게 말합니다.

"이제는 그것을 행하는 자가 내가 아닙니다. 그러나 나는 무서운 죄의 세력 아래 있고, 그 세력이 나를 억누르고 있습니다. 그것은 바로 나이고, 또 그럼에도 불구하고 내가 아닙니다. 참으로 슬프게도 그것은 내 자신입니다. 나는 죄에 아주 단단히 묶여 있고, 죄는 내 본성과 아주 단단히 얽혀 있습니다."

사람이 마음 깊은 곳에서부터 "오호라 나는 곤고한 사람이로다"라고 말할 줄 알게 되면 하나님을 찬송합시다. 그는 로마서 8장으로 나아가는 길에 있습니다.

그런데 이 고백을 죄 짓는 받침대로 삼는 사람들이 많습니다. 만약에 바울이 이런 식으로 자신의 약함과 무력함을 고백하지 않을 수 없다면, 자신들이 어떤 사람이기에 그보다 나은 행동을 하려고 할 수 있겠느냐고 그들은 말합니다. 그래서 거룩하라는 요청을 조용히 제쳐놓습니다. 우리 한 사람 한 사람이 이 말이 여기 기록된 바로 그 정신을 따라 그렇게 말하는 법을 배웠으면 좋겠습니다! 죄를 하나님께서 미워하시는 가증스런 것으로 말하는 것을 들을 때, 우리 가운데 많은 사람이 그 말 앞에서 움츠리게 되지 않습니까? 계속해서 죄를 짓고 있는 모든 그리스도인들이 이 구절을 마음에 받아들이면 좋겠습니다. 만일 여러분이 격렬한 한 마디를 한다면 이 말을 하십시오. "오호라 나는 곤고한 사람이로다!" 그리고 울화통을 터트릴 때마다 무릎을 꿇고, 하나님의 자녀가 계속 이런 상태에 있게 된 이것이 결코 하나님이 의도하신 바가 아니었음을 아시기 바랍니다. 우리가 이 말을 매일의 생활에 받아들이면 좋겠습니다. 그래서 자신의 명예에 관해 기분이 상하게 될 때마다, 매서운 말을 하게 될 때마다, 주 하나님을 거슬러, 겸손하신 주 예수 그리스도, 순종하시는 주 예수 그리스도, 자기를 희생하시는 주 예수 그리스도를 거슬러 죄를 지을 때마다 이 말을 하면 좋겠습니다! 여러분이 다른 모든 것을 잊고 이렇게 소리치면 좋겠습니다. "오호라 나는 곤고한 사람이로다 이 사망의 몸에서 누가 나를 건져내랴?"

왜 여러분은 죄를 범할 때마다 이 말을 합니까? 구원이 가까이 있는 것은 바로 사람이 이 고백을 할 때이기 때문입니다.

그리고 사람을 비참하게 만든 것은 자신이 무력하고 포로로 사로잡혔다는 의식이었을 뿐만 아니라 또한 무엇보다 자기 하나님을 거슬러 죄를 범했다는 의식이었습니다. 율법은 제 일을 하고 있었고, 죄를 하나님 보시기에 심히 죄 되게 만들고 있었습니다. 자신이 계속해서 하나님을 슬프시게 하고 있다는 생각은 정말로 견딜 수 없는 것입니다. 바로 이것 때문에 뼈에 사무치는 이 부르짖음이 터져 나왔습니다. "오호라 나는 곤고한 사람이로다!" 우리가 자신의 무력함과 실패에 대해 이야기하고 논하며 로마서 7장이 의미하는 바가 무엇인지 찾으려고만 하면, 그것은 우리에게 별 유익을 주지 못할 것입니다. 그러나 일단 죄를 지을 때마다 다시금 비참함을 더욱 깊이 의식하고 자신이 전적으로 무력할 뿐만 아니라 정말로 큰 죄인이라고 느끼게 되면, 우리는 "누가 우리를 건져내랴?" 하고 물을 뿐만 아니라 "우리 주 예수 그리스도로 말미암아 하나님께 감사하리로다" 하고 외치지 않을 수 없을 것입니다.

거의 구원받은 사람

그는 하나님의 아름다운 율법에 순종하려고 노력하였습니다. 율법을 사랑하였고, 자신의 죄 때문에 울었습니다. 그는 죄를 이기려고 했고 잘못을 만날 때마다 극복하려고 했습니다. 그러나 그때마다 실패로 끝났습니다.

바울 사도가 "이 사망의 몸"이라고 할 때 무슨 의미로 말한 것입니까? 사도가 "죽을 때의 내 몸"이라는 뜻으로 말한 것입니까? 결코 그런 뜻이 아닙니다. 8장에서 우리는 이 질문에 대한 답으로 이 말씀을 듣습니다. "너희가 영으로써 몸의 행실을 죽이면 살리라"(8:13). 사도가 말한 그 몸은 그가 구원을 받고자 하는 사망의 몸입니다.

이제 그는 곧 구원받기 직전의 상태에 있습니다! 7장 23절에서 우리는 이 말씀을 봅니다. "내 지체 속에서 한 다른 법이 내 마음의 법과 싸워 내 지체 속에 있는 죄의 법으로 나를 사로잡는 것을 보는도다."

"오호라 나는 곤고한 사람이로다 이 사망의 몸에서 누가 나를 건져내랴?" 하고 부르짖는 것은 바로 그렇게 사로잡혀 있는 포로입니다. 그는 자신이 묶여 있다고 느끼는 사람입니다. 그러나 8:2에 나오는 대비를 보기 바랍니다. "그리스도 예수 안에 있는 생명의 성령의 법이 죄와 사망의 법에서 나를 해방하였음이라." 그것은 우리 주 예수 그리스도로 말미암는 구원이고, 성령께서 포로된 자에게 가져다주시는 자유입니다. 여러분은 "그리스도 예수 안에 있는 생명의 성령의 법"이 해방시킨 사람을 더 이상 포로로 묶어둘 수 있습니까?

그러면 여러분은 사도가 6장에서 말할 때 중생한 사람은 예수의 영을 받지 않았느냐고 묻습니다. 예, 받았습니다. 그러나 그는 성령께서 자기를 위해 무슨 일을 하실 수 있는지 알지 못했습니다.

하나님께서 그의 성령으로 일하실 때는 자연에서 맹목적인 힘으로 일하시는 것과 같이 하시지 않습니다. 하나님은 자기 백성을 합리적이고 지적인 존재로서 인도하십니다. 그러므로 하나님께서 약속하신 성령을 우리에게 주시고자 할 때는 먼저 우리로 하여금 자신에 대해 단념하게 만드십니다. 즉, 우리가 율법에 순종하려고 노력해 왔지만 실패하였다는 확신에 이르게 하십니다. 우리가 그렇게 자기에 대해 끝을 내고 나면, 하나님께서 우리에게 성령 안에서 순종의 능력, 승리의 능력, 진정한 거룩함의 능력을 받는다는 사실을 보여주십니다.

하나님께서는 행하려는 마음을 일으키시고 또 실제로 행하도록 만드실 준비를 하고 계십니다. 그런데 슬프게도, 많은 그리스도인들이 이 점을 잘못 알고 있습니다. 그들은 자기에게 행하려는 뜻이 있기 때문에 그것으로 충분하고, 그래서 이제 자기들이 행할 수 있다고 생각합니다. 그것은 사실이 아닙니다. 새로운 의지는 새 본성의 속성으로서 영구한 선물입니다. 그러나 행할 수 있는 능력은 영구한 선물이 아니고 매 순간 성령님으로부터 받아야 하는 것입니다. 성령님으로 말미암아 자기가 거룩한 생활을 할 수 있다는 것을 배우는 사람은 신자로서 자신의 무능력을 아는 사람입니다. 이 사람은 곧 큰 구원을 받을 위치에 있습니다. 영광스런 8장으로 나갈 길이 준비된 것입니다.

이제 나는 이 엄숙한 질문을 묻습니다. 여러분은 지금 어디에 살고 있습니까? 이것이 여러분의 말입니까? "오호라 나는 곤고한 사람이로다 누가 나를 건져내랴?" 그렇게 말하면서 성령의 능력을 경험하는 일은 별로 없습니까? 혹은 "예수 그리스도로 말미암아 하나님께 감사하리로다! 성령의 법이 죄와 사망의 법에서 나를 해방하였음이라"는 것이 여러분의 말입니까?

성령께서 행하시는 일은 승리를 주시는 것입니다. "영으로써 몸의 행실을 죽이면 살리라." 이렇게 하시는 분은 바로 삼위 하나님이신 성령이십니다. 마음이 활짝 열려 그를 받을 수 있게 될 때 들어오셔서 거기서 다스리시며 날마다 시간마다 순간마다 몸의 행실을 죽이시는 분은 바로 성령이십니다.

나는 이것을 강조하고 싶습니다. 사랑하는 친구 여러분, 우리에게 필요한 것은 결단하고 행동하는 것임을 기억하십시오. 성경에는 전혀 다른 두 부류의 그리스도인들이 있습니다. 성경은 로마서, 고린도서, 갈라디아서에서 육신에 굴복하는 것에 대해 말하고, 그것이 허다히 많은 신자들의 생활이라고 말합니다. 그들이 성령 안에서 기쁨을 누리지 못하고 성령께서 주시는 자유를 얻지 못하는 것은 순전히 육신 때문입니다. 성령께서 그들 속에 계시지만 육신이 그들의 생활을 지배합니다. 성령의 인도를 받는 것이 그들에게 필요한 일입니다. 내가 하나님의 모든 자녀로 하여금 영원하신 하나님께서 그의 사랑하시는 아들 예수 그리스도를 주신 것은 날마다 여러분을 살피도록 하기 위함이고, 여러분이 해야 할 일은 믿는 것이며, 성령의 하시는 일은 여러분이 매 순간 예수님을 기억하고 그를 신뢰할 수 있게 하신다는 것이 무슨 의미인지 깨닫게 할 수 있으면 좋겠습니다! 성령께서는 그리스도와의 관계가 매 순간 끊어지지 않고 이어지도록 하기 위해서 오셨습니다. 성령님을 보내주신 것을 인하여 하나님을 찬송합시다! 우리는 성령님을 특별한 때를 위한 혹은 특별한 사역자들과 사람들을 위한 사치로 생각하는데 아주 익숙합니다. 그러나 성령님은 모든 신자에게, 그 날의 매 순간에 필요한 분이십니다. 여러분에게 성령님이 계심을 인해서 하나님을 찬송하십시오. 성령께서 여러분을 죄의 세력에서 해방하실 때 여러분에게 그리스도 안에 있는 구원을 완전히 경험하게 하십니다.

성령의 능력과 자유를 갈망하는 사람이 누구입니까? 형제 여러분, 하나님 앞에 엎드려 마지막으로 이 절망의 소리를 외치십시오.

"오, 하나님, 내가 계속해서 이런 식으로 영원히 죄를 지어야 합니까? 오호라 나는 곤고한 사람이로다! 이 사망의 몸에서 누가 나를 건져 내랴?"

여러분은 하나님 앞에서 주저앉아 그같이 외치며 여러분 속에서 거하며 일하실 예수님의 능력을 구할 마음이 있습니까? 이렇게 말할 준비가 되어 있습니까? "예수 그리스도로 말미암아 하나님께 감사하리로다."

우리의 삶이 성령으로 충만해지지 않는다면 우리가 교회에 다니거나 집회에 참석하는 것, 성경공부를 하고 기도하는 것이 무슨 유익이 있습니까? 바로 그것이 하나님이 원하시는 바입니다. 그 외에 어떤 것도 우리가 능력 있고 평안한 삶을 살 수 있게 하지 못할 것입니다. 여러분도 알다시피, 목사나 부모가 요리문답을 가르치고 있을 때, 누가 어떤 질문을 하게 되면 대답을 들을 것으로 기대합니다. 그런데 슬프게도 여기에 나오는 질문을 하는 것으로 만족하는 그리스도인들이 얼마나 많은지 모릅니다. "오호라 나는 곤고한 사람이로다 이 사망의 몸에서 누가 나를 건져내랴?" 이렇게 질문만 하고 대답을 하지 않습니다. 그들은 대답하지 않고 잠잠히 있습니다. "우리 주 예수 그리스도로 말미암아 하나님께 감사하리로다"라고 말하지 않고, 대답은 없이 영원히 그 질문만 반복하고 있습니다.

만일 여러분이 그리스도의 완전한 구원, 성령의 자유, 곧 하나님 자녀의 영광의 자유에 이르는 길을 찾기 원한다면, 로마서 7장에서 그 길을 찾고 나서 "우리 주 예수 그리스도로 말미암아 하나님께 감사하리로다"라고 말하십시오. 계속해서 신음하는 것으로 그치지 말고 이렇게 말하십시오. "내가 곤고한 사람이지만 예수 그리스도로 말미암아 하나님께 감사합니다. 비록 내가 모든 것을 알지는 못할지라도 하나님을 찬송하겠습니다."

거기에 구원이 있습니다. 거기에 성령의 자유가 있습니다. 하나님의 나라는 "성령 안에 있는 희락"(롬 14:17)입니다.

제 7 장

성령으로 시작하였다가

"내가 너희에게서 다만 이것을 알려 하노니 너희가 성령을 받은 것이 율법의 행위로냐 혹은 듣고 믿음으로냐 너희가 이같이 어리석으냐 성령으로 시작하였다가 이제는 육체로 마치겠느냐?" — 갈라디아서 3:2-3

내가 여러분에게 말씀드리고자 하는 본문의 말씀은 갈라디아서 3:3에 나올 것입니다. 2절도 함께 읽어봅시다. "내가 너희에게서 다만 이것을 알려 하노니 너희가 성령을 받은 것이 율법의 행위로냐 혹은 듣고 믿음으로냐 너희가 이같이 어리석으냐?" 그 다음에 본문의 말씀이 나옵니다. "성령으로 시작하였다가 이제는 육체로 마치겠느냐?"

영적 생활을 활기 있게 하거나 더욱 깊어지게 혹은 힘 있게 하는 것에 대해서 말할 때 우리는 연약하고 그릇된 것, 죄악적인 어떤 것을 생각합니다. 그러므로 우리가 하나님 앞에 앉아서 이렇게 고백하는 것은 중요한 일입니다. "하나님이여, 우리의 영적 생활은 마땅히 보여야 하는 그런 모습이 아닙니다!"

하나님께서 독자 여러분의 마음속에 그런 심정을 일으켜 주시기를 바랍니다.

우리는 주위를 둘러볼 때 교회의 연약함과 실패, 죄, 부족을 나타내는 표시들을 아주 많이 봅니다. 그래서 이렇게 묻지 않을 수 없습니다. "왜 이렇지?" 그리스도의 교회가 그처럼 저급한 상태에서 생활해야 할 어떤 필요가 있는가? 아니면 하나님의 백성들이 언제나 하나님의 기쁨과 힘 가운데서 생활한다는 것이 실제로 가능한 일인가?

믿는 신자라면 누구나 "가능하다"고 답변해야 합니다.

그 다음에 이 중요한 질문이 옵니다. 어떻게 하나님의 교회가 전부 그처럼 약하고, 그리스도인들 대다수가 어떻게 그렇게 자신들의 특권에 맞게 살지 못하는가? 그런 이유가 반드시 있을 것입니다. 하나님께서 그의 전능하신 아들 그리스도를 내주어 모든 신자를 지키는 분으로 삼지 않으셨습니까? 또 그리스도를 항상 존재하는 분으로 세우시고 우리가 그리스도 안에서 갖는 모든 것을 우리에게 나누어 주고 전달하도록 하시지 않으셨습니까? 하나님께서 그의 아들을 주셨고, 그의 영을 주셨습니다. 그런데 어떻게 신자들이 자신들이 받은 특권을 따라 살지 못하는 것입니까?

우리는 이 질문에 대한 매우 엄숙한 답변을 여러 서신서에서 발견합니다. 데살로니가전서 같은 서신서들이 있는데, 거기에서 바울은 사실상 그리스도인들에게 이렇게 쓰고 있습니다. "나는 너희가 자라고 더욱 많이 넘치게 되기를 바란다"(살전 3:12). 데살로니가 교인들은 어렸고, 그들의 믿음에는 부족한 것들이 있었습니다. 그러나 그들의 상태는 아주 만족스러운 것이어서 사도에게 큰 기쁨을 주었고, 그래서 사도는 몇

번이고 이렇게 씁니다. "제발 여러분이 더욱 더 풍성해지기를 바라고, 그래서 내가 여러분에게 더욱 더 편지를 많이 써 보내기를 바랍니다."

그런가 하면 사도가 전혀 다른 어조로 말하는 서신서들도 있는데, 특별히 고린도전후서와 갈라디아서가 그렇습니다. 사도는 고린도 교인들과 갈라디아 교인들에게 그들이 그리스도인으로서 마땅히 살아야 하는 대로 살지 못하고 있고, 또 많은 사람들이 육신의 세력 아래 있는 한 가지 이유가 무엇인지를 전혀 다른 방식으로 말합니다. 본문의 말씀은 한 가지 예입니다. 사도는 그들에게 믿음에 대한 설교로 성령을 받았다는 점을 상기시킵니다. 사도는 그들에게 그리스도를 전했고, 그들은 그리스도를 영접하였으며 성령을 능력 있게 받았습니다. 그런데 무슨 일이 일어났습니까? 그들이 성령으로 시작해놓고서 성령으로 시작한 일을 자기 노력을 의지하여 육신으로 끝내려고 하였습니다. 우리는 바로 이 교훈을 고린도전후서에서 발견합니다.

자, 여기서 우리는 그리스도의 교회에 크게 부족한 점을 봅니다. 하나님께서는 그리스도의 교회를 성령의 능력으로 살도록 부르셨는데, 그리스도의 교회가 대체로 성령을 떠나서 인간의 육신의 힘으로, 의지와 에너지와 노력으로 생활하고 있습니다. 나는 그것이 많은 신자들에게서 볼 수 있는 사실이라는 점을 의심하지 않습니다. 하나님께서 내가 사도로부터 받은 메시지를 여러분에게 전하도록 나를 사용하시고자 한다면, 내가 전할 메시지는 이것입니다.

교회가 성령께서 자신의 힘이자 도움이시라는 것을 다시 인정하려고 한다면, 교회가 다시 모든 것을 포기하고 성령으로 충만해지기 위해 하나님을 바라려고 한다면, 교회에 아름답고 기쁜 날이 돌아올 것이고, 우리는 하나님의 영광이 우리 가운데 나타나는 것을 볼 것입니다.

이것은 각각의 모든 신자에게 전하는 나의 메시지입니다. "여러분이 매일 성령의 능력 아래 살아야 한다는 것을 이해하지 못하는 한 아무것도 여러분에게 도움이 되지 못할 것입니다."

하나님께서는 여러분이 생활의 매 시간 매 순간 성령의 능력이 나타나는 살아 있는 그릇이 되기를 원하십니다. 하나님은 여러분이 그런 그릇이 되게 하실 수 있을 것입니다.

이제 우리는 갈라디아 교인들에 대한 이 말씀이 가르치는 아주 간단한 몇 가지 생각을 배우도록 합시다. 그 말씀이 우리에게 가르치는 바는 다음 네 가지입니다. 첫째, 그리스도인 생활의 시작은 성령을 받는 것. 둘째, 우리가 육신을 따라서 살아서는 안 되고 성령을 의지해서 살아야 하는 것을 잊어버리는 일은 아주 위험하다는 것. 셋째, 우리가 육신으로 마치려고 하는 것의 열매와 증거들. 넷째, 이 상태로부터 구원받는 길.

성령을 받음

무엇보다 바울은 이렇게 말합니다. "성령으로 시작하였다." 사도가 믿음으로 말미암아 의롭다함을 받는 것을 전하였을 뿐만 아니라 그 이상의 것도 전하였음을 기억하기 바랍니다. 사도는 의롭다함을 받은 사람들은 성령을 의지하지 않고서는 살 수 없으며, 따라서 하나님께서 의롭다함을 받은 모든 사람에게 성령을 주셔서 그를 보증하신다는 것을 가르쳤는데, 이 가르침이 갈라디아서에 가득합니다. 사도는 여러 번에 걸쳐 사실상 이렇게 말합니다.

"여러분이 어떻게 성령을 받았습니까? 성령을 받은 것이 율법을 전함으로 말미암았습니까? 아니면 믿음을 전함으로 말미암았습니까?"

사도는 그의 가르침으로 인해 강력한 부흥 운동이 있었던 때를 회고할 수 있었을 것입니다. 하나님의 능력이 나타났었고, 갈라디아 교인들은 이렇게 고백하지 않을 수 없었습니다.

"예, 우리는 성령을 받았습니다. 믿음으로 그리스도를 영접하였고 믿음으로 성령을 받았습니다."

자, 자기가 믿을 때 성령을 받았다는 사실을 거의 알지 못하는 그리스도인이 많다는 것은 근심스러운 일입니다. "나는 죄사함을 받았고 평안을 얻었습니다" 하고 말할 수 있는 그리스도인들은 아주 많습니다. 그러나 만일 여러분이 그들에게 "당신은 성령을 받았습니까?" 하고 묻는다면, 그들은 망설일 것입니다. 받았다고 말할지라도 주저하며 말할 사람들이 많을 것입니다. 그리고 성령을 받고 나서 성령의 능력으로 행하는 것이 무엇인지 거의 몰랐다고 말할 것입니다. 우리는 이 중요한 진리, 곧 참된 그리스도인 생활의 시작은 성령을 받는 것이라는 진리를 굳게 붙잡도록 합시다. 모든 그리스도인 사역자가 해야 할 일은 바울 사도가 행한 일이었습니다. 즉, 하나님의 백성들에게 그들이 성령을 받았고, 따라서 성령의 인도를 따라 또 성령의 능력으로 살아야 한다는 것을 깨닫게 하는 것이었습니다.

만일 능력 있게 성령을 받은 갈라디아 교인들이 성령으로 시작한 것을 육신으로 마치려는 무서운 위험으로 말미암아 길을 잃을 시험을 받는다면, 자신이 성령을 받았다는 사실도 거의 알지 못하는 그리스도인들 혹은 그 사실을 믿음의 문제로는 알지라도 그 사실을 거의 생각하지 않거나 그 사실을 인해서 하나님을 거의 찬송하지 않는 사람들은 얼마나 더 많은 위험을 당하겠습니까!

성령을 소홀히 함

이제 두 번째로 큰 위험을 살펴봅시다.

여러분은 철도에서 기차를 옆 선로로 들어가게 하는 일이 있는 것을 다 압니다. 객차가 딸린 기관차가 어떤 방향으로 달리는데, 어떤 곳에 있는 전철기(轉轍機)가 제대로 열리거나 닫히지 않을 수 있고, 그러면 기관차가 오른쪽이나 왼쪽으로 선로를 잘못 들어가게 됩니다. 만일 그 일이, 예를 들어 어두운 밤에 일어난다면 기차는 방향을 잘못 들어서게 되고, 사람들은 멀리 갈 때까지 그 사실을 전혀 모를 수 있습니다.

바로 그와 같이 하나님께서는 그리스도인들에게 성령을 주시는데, 이는 그들이 일생 동안 매일 성령의 능력으로 살아가도록 하시려는 것입니다. 신자는 성령의 능력을 힘입지 않고는 한 시간도 경건한 생활을 할 수가 없습니다. 신자가 예의바르고 착실한 생활을 할 수 있습니다. 사람들이 말하는 대로 흠잡을 데 없는 생활, 곧 덕이 있고 부지런히 봉사하는 생활을 할 수 있습니다. 그러나 하나님이 받으실 만한 생활, 곧 하나님의 구원과 사랑을 즐거워하는 생활을 하며 새 생명의 능력으로 살고 행하는 것, 이 생활은 매일 매 시간 성령의 인도를 받지 않으면 할 수 없습니다.

그러나 이제 그 위험에 대해서 생각해 봅시다. 갈라디아 교인들은 성령을 받았지만 성령으로 시작한 일을 육신으로 마치려고 하였습니다. 어떻게 그렇게 하였습니까? 그들은 자기들에게 할례를 받아야 한다고 말하는 유대교 교사들의 가르침을 받아 다시 후퇴하였습니다. 그 교사들은 자신의 신앙을 의식(儀式)에서 찾기 시작하였습니다. 그래서 바울은 할례 받은 그들에 대해 "육체를 신뢰한다"(빌 3:3)는 표현을 사용합니다.

여러분은 여기서 때때로 종교적 육신이라는 표현이 사용되는 것을 듣습니다. 그 말이 의미하는 바는 무엇입니까? 그것은 단지 이 생각을 나타내는 표현일 뿐입니다.

> 나의 인간적인 본성과 인간적인 의지, 인간적인 노력이 신앙에서 매우 효력이 있을 수 있습니다. 회심한 후에, 성령을 받고나서 나는 내 자신의

힘으로 하나님을 섬기려고 하기 시작할 수 있습니다.

내가 매우 부지런하여 많은 일을 행할 수 있습니다. 그럴지라도 언제나 그것은 성령의 일이라기보다는 인간의 육신으로 행하는 일입니다. 사람이 자기도 모르는 사이에 선로를 잘못 들어서 성령의 길에서 벗어나 육신의 길에 들어갈 수 있다는 것, 사람이 아주 부지런히 일하고 큰 희생을 치르면서도 그 모든 것이 인간 의지의 능력으로 행할 수 있다는 것은 참으로 심각한 사실입니다! 아, 우리가 자기반성을 하는 가운데 하나님께 여쭈어야 할 중요한 질문은 우리의 신앙생활이 성령의 능력으로 행하기보다는 육신의 힘으로 행하는 것으로 나타날 수 있는지를 여쭈는 것입니다. 사람이 설교자가 될 수 있고, 목회를 아주 부지런히 할 수 있습니다. 그리스도인 일꾼이 될 수 있고, 다른 사람들이 그에 대해 큰 희생을 하는 사람이라고 말할 수 있습니다. 그런데 여러분은 그에게 그런 점이 부족하다고 느낄 수 있습니다. 그가 영적인 사람은 아니라고 느낍니다. 그의 생활에 영성이 전혀 없다고 느낍니다. 그 사람에 대해서 아무도 "그는 참으로 신령한 사람이다!"라고 말할 생각이 전혀 없는 그리스도인들이 얼마나 많은지 모릅니다. 거기에 그리스도 교회의 약함이 있습니다. 이 모든 것이 육신이라는 이 한 단어에 있습니다.

자, 육신은 여러 가지 방식으로 나타날 수 있습니다. 육신적인 지혜로 나타날 수 있습니다. 신앙에 대해서 생각하면 내 마음이 아주 뜨거워질 수 있습니다. 나는 하나님의 책에 나오는 일들 그리고 하나님 나라의 일들을 전하거나 쓸 수 있고 생각하거나 묵상하며, 그런 일들에 몰두하는 것을 즐거워할 수 있습니다. 그럴지라도 성령의 능력은 현저히 부족할 수가 있습니다. 나는 만일 여러분이 그리스도의 교회 전체에 걸쳐서 설교를 하면서 왜 하나님의 말씀을 전하는 일에 사람들을 회심하게 하는 능력이 그처럼 부족한지, 왜 그토록 일은 많이 하는데 종종 영원을 위한 결실은 그토록 적은지, 왜 하나님의 말씀이 신자들을 거룩함과 헌신으로 세우는 능력이 그처럼 부족한지 묻는다면, 이 답변을 들을 것입니다. 즉, 그것은 성령의 능력이 없기 때문이라는 것입니다. 왜 이런 일이 생기는 것입니까? 육신과 인간적인 에너지가 성령께서 차지해야 하는 자리를 차지해 버렸기 때문이라는 것 외에 다른 이유가 있을 수 없습니다. 이 사실이 갈라디아 교인들에게 해당되었고, 고린도 교인들에게도 해당되었습니다. 여러분은 바울이 그들에게 이렇게 말하였다는 것을 압니다. "나는 신령한 자들을 대함과 같이 여러분에게 말할 수 없습니다. 여러분은 마땅히 신령한 자들이 되어야 하는데 육신에 속한 자들입니다"(고전 3:1-4). 여러분은 사도가 편지를 써 내려가면서 얼마나 자주 다툼과 분열을 인하여서 그들을 꾸짖고 책망하지 않을 수 없었는지를 압니다.

성령의 열매가 부족함

세 번째 생각할 점은 이것입니다. 갈라디아 교회와 같은 어떤 교회가 혹은 어떤 그리스도인이 육신의 힘으로 하나님을 섬기고 있다, 다시 말해 성령으로 시작한 일을 육체로 마치고 있다는 것을 보여주는 증거나 표시들은 무엇인가?

그 답변은 아주 쉽습니다. 종교적인 자기 노력은 언제나 범죄하는 육신으로 끝납니다. 갈라디아 교인들의 상태는 어떤 것이었습니까? 그들은 율법의 행위로 의롭다함을 얻으려고 애썼습니다. 그러면서도 그들은 다투고 있었고 서로를 잡아먹으려고 하였습니다. 사도가 그들에게 사랑이 없음을 표시하기 위해 사용하는 표현들을 일일이 세어보십시오. 시기, 질투, 신랄함, 다툼 등, 온갖 종류의 표현이 열두 가지 이상 나오는 것을 발견할 것입니다. 갈라디아서 4, 5장에서 사도가 그에 관해 어떻게 이야기하는지 읽어보기 바랍니다. 어떻게 그들이 자기 힘으로 하나님을 섬기려고 하였고 또 어떻게 철저하게 실패했는지 알 수 있습니다. 죄의 세력과 죄악적인 육신이 그들을 이겨버렸고, 그래서 그들의 전체 상태는 말로 다할 수 없을 만큼 슬픈 것이었습니다.

이 사실은 우리에게 지극히 엄숙하게 다가옵니다. 그리스도의 교회 어디에서나, 심지어 그리스도 교회의 교인이라고 하는 사람들 가운데서도 높은 표준의 성실과 경건이 부족하다는 불평이 있습니다. 전에 누가 상도덕에 관해 설교하는 것을 들은 기억이 납니다. 그리고 우리가 상도덕이나 부도덕에 대해서 이야기만 하는 것이 아니라 그리스도인들의 가정에 들어가 본다면, 하나님께서 그의 자녀들을 불러 행하도록 하셨고 또 그들이 성령으로 말미암아 할 수 있게 간드시는 그 생활을 생각해 볼 때, 거기에 무정함과 노여움, 날카로움과 신랄함이 얼마나 많은지 생각해 본다면, 또 걸핏하면 교인들 가운데 다투는 일이 아주 많고 시기와 질투, 과민 반응과 교만이 아주 많다는 것을 생각해 본다면, 이렇게 말하지 않을 수 없습니다. "하나님의 어린 양의 영께서 함께 하신다는 표지들이 어디에 있는가?" 없습니다, 슬프게도 없습니다!

많은 사람들이 이런 일들이 우리의 연약함의 자연스런 결과들이고 어떻게 해볼 수 없는 것처럼 이야기합니다. 그들은 이런 일들을 죄라고 하고, "이런 일들을 이기는" 것에 대해서 희망을 포기해 버렸다고 말합니다. 많은 사람들이 주위의 교회에서 이런 일들을 본다고 하고, 상황이 변화될 것이라고 거의 기대하지 않습니다. 철저한 변화가 일어나기 전에는, 신자의 모든 죄가 육신으로부터, 곧 우리의 종교적 활동들 가운데서 육신적인 생활로부터, 자기 노력으로 하나님을 섬기려고 애쓰는 것으로부터 나온다는 것을 하나님의 교회가 알기 시작하기 전에는 기대할 것이 전혀 없습니다. 우리가 죄를 고백하는 법을 배우기 전에는, 어떻게든지 해서 하나님의 영이 하나님의 교회로 능력 있게 돌아오시게 해야 한다는 것을 알기 시작하기 전에는, 우리는 실패할 수밖에 없습니다. 교회가 오순절 때 어디에서 시작하였습니까? 그때 교회가 성령 안에서 시작되었습니다. 그런데 슬프게도 어떻게 다음 세기의 교회가 육신에 떨어지고 말았습니까! 사람들은 교회를 육신의 힘으로 완전하게 한다고 생각하였습니다.

복된 종교개혁이 믿음으로 말미암아 의롭다함을 얻는다는 위대한 교리를 회복하였기 때문에 성령의 능력이 그때 완전히 회복되었다고 생각하지 않도록 합시다. 하나님께서 이 마지막 시대에 자기 교회에 긍휼을 베푸시려고 한다고 우리가 믿는다면, 그것은 성령에 관한 교리와 진리를 연구할 뿐만 아니라 또한 그것을 얻으려고 전심으로 구하기 때문일 것입니다. 그 진리를 구할 뿐만 아니라 목사들과 회중들이 하나님 앞에 엎드려 깊은 수치 가운데 이렇게 한 목소리로 부르짖기 때문일 것입니다.

> 우리가 그동안 성령님을 슬프시게 해왔습니다. 우리는 할 수 있는 대로 성령님 없이 그리스도의 교회가 되려고 해왔습니다. 우리는 성령으로 충만한 교회가 되기를 추구해 오지 않았습니다.

교회 안에 있는 모든 연약함은 교회가 자기 하나님께 순종하지 않은 데 원인이 있습니다.

그러면 왜 그렇게 되었습니까? 나는 여러분의 답변을 압니다. 여러분은 이렇게 말합니다.

> 우리는 너무 연약하고 너무 무력합니다. 우리는 순종하려고 애쓰고 순종하겠다고 맹세하지만 어찌된 일인지 우리는 실패합니다.

아, 그렇습니다. 여러분은 하나님의 힘을 받아들이지 않기 때문에 실패합니다. 하나님만이 여러분 속에서 자신의 뜻을 성취하실 수 있습니다. 여러분은 하나님의 뜻을 성취할 수 없고 성령님만이 하실 수 있습니다. 교회가, 신자들이 이 사실을 깨닫고 사람의 노력으로 하나님의 뜻을 행하려는 시도를 그치고, 성령께서 전능한 능력을 가지고 오시기를 바라기 전에는 교회가 하나님께서 원하시는 교회가 되지 못할 것이고, 하나님께서 교회를 써서 이루려고 하시는 대로 되지 못할 것입니다.

성령께 순종함

이제 나는 마지막으로 생각할 문제, 곧 성령의 능력을 회복하는 길은 무엇인가 하는 문제를 다루겠습니다.

사랑하는 친구 여러분, 그 답변은 간단하고 쉽습니다. 기차가 선로를 제대로 들어서지 못하였다면, 그에 대한 해결책은 기차가 잘못된 선로를 들어선 지점으로 돌아가는 길밖에 없습니다. 갈라디아 교인들은 자기들이 길을 잘못 들어선 곳으로 돌아가는, 즉 자신의 힘으로 하려고 하는 모든 종교적인 노력을 그치고 자기 행위로 무엇을 추구하려는 것에서 돌이키고 겸손히 성령님께 순종하는 것 외에 달리 돌아갈 길이 없었습니다. 개인으로서 우리에게는 그 외에 다른 길이 없습니다.

마음으로 이렇게 생각하는 형제나 자매가 있습니까? "아, 슬프게도 나는 성령의 능력에 대해서 거의 알지 못하는 생활을 하고 있습니다."

나는 여러분에게 여러분의 생활이 성령의 능력을 받으면 어떻게 될지 여러분은 도무지 모른다는 하나님의 메시지를 전합니다. 그 생활은 너무도 높고 너무도 복되며 너무도 놀라워서 말로 다 표현할 수 없습니다. 하지만 나는 여러분에게 적어도 이 메시지는 전할 수 있습니다. 즉, 하나님의 영원하신 아드님이 이 세상에 오셔서 놀라운 일을 행하신 것이 사실인 것과 똑같이, 또 그 아드님이 갈보리에서 죽으셔서 그의 보혈로 여러분의 구속을 이루신 것이 사실인 것과 똑같이, 또한 성령께서 여러분 마음속에 들어오셔서 그의 거룩한 능력으로 여러분을 거룩하게 하실 수 있고, 또 여러분이 하나님의 복된 뜻을 행하게 하시며 여러분의 마음을 기쁨과 힘으로 채우실 수 있다는 것도 사실이라는 것입니다.

그런데 슬프게도, 우리는 성령님을 잊어버렸고 슬프시게 했으며 성령님의 이름을 더럽혔습니다. 그래서 성령께서 자신의 일을 행하실 수 없었습니다. 하지만 나는 여러분에게 이 말씀을 드립니다. 하늘에 계신 아버지 하나님께서는 자기 자녀들을 자기 영으로 충만하게 하기를 기뻐하신다는 것입니다. 하나님께서는 각 사람에게 개별적으로 매일 성령의 능력을 주기를 간절히 바라십니다. 이 명령은 우리 모두에게 개별적으로 옵니다. 하나님은 우리가 그의 자녀로서 일어서서 그의 앞에 우리의 죄를 내놓고 하나님의 자비를 구하기를 바라십니다. 아, 여러분은 어찌 그렇게 어리석습니까? 성령으로 시작해 놓고 이제 여러분이 성령으로 시작한 것을 육체로 이루려고 합니까? 우리는 부끄러워서 엎드려 하나님 앞에 우리의 육신적인 신앙, 우리의 자기 노력, 자기 과신이 모든 실패의 원인이었음을 고백합시다.

나는 종종 젊은 그리스도인들에게 이런 질문을 받았습니다.

"내가 그토록 실패하는 이유가 무엇입니까? 나는 정말로 온 마음으로 엄숙히 서약을 했고 하나님을 섬기려고 했는데, 왜 내가 실패했지요?"

그런 질문에 대해서 나는 언제나 이 한 가지 답변을 합니다.

"친구 여러분, 여러분은 그리스도만이 여러분 속에서 하실 수 있는 일을 여러분 스스로의 힘으로 하려고 하고 있습니다."

그러면 그들은 이렇게 말합니다.

"나는 그리스도만이 그 일을 하실 수 있다는 것을 확실히 알고 있었습니다. 나는 내 자신을 신뢰하고 있지 않았습니다."

거기에 대해서 언제나 나는 이렇게 대답합니다.

"여러분은 자신을 신뢰하고 있었습니다. 그렇지 않았다면 여러분이 실패했을 리가 없습니다. 여러분이 그리스도를 신뢰했다면 여러분은 실패할 수 없었습니다."

이렇게 성령으로 시작한 일을 육신으로 마치려 하는 성향은 우리가 알고 있는 것보다 훨씬 깊게 우리 속에서 작용하고 있습니다. 위로부터 오는 복을 받을 준비가 되는 것은 우리가 전적인 부끄러움과 무가치함을 느끼게 될 때뿐이라는 것을 하나님께서 알려주시기를 구합시다.

그래서 이제 나는 이 두 가지 질문을 드립니다. 나는 모든 복음 사역자들에게 이 질문을 던집니다. 사랑하는 동료 목사 여러분, 여러분은 지금 성령의 능력을 받고서 살고 있습니까? 여러분은 성령의 기름 부음을 받고 성령으로 충만한 사람으로서 목회를 하고 있고 하나님 앞에서 생활하고 있습니까? 형제 여러분, 우리의 위치는 두려운 것입니다. 우리는 사람들에게 하나님께서 우리를 위해 무슨 일을 행하시려고 하는지를 말과 가르침으로 나타낼 것이 아니라 우리의 생활로 나타내야 합니다. 우리가 그렇게 할 수 있도록 하나님께서 우리를 도와주시기 바랍니다!

나는 그리스도 교회의 모든 지체와 모든 신자에게 이렇게 묻습니다. "여러분은 매일 성령의 능력 아래 생활을 하고 있습니까? 아니면 성령의 능력 없이 생활하려고 하고 있습니까? 여러분은 성령의 능력이 없이 신자로 살아갈 수 없음을 기억하시기 바랍니다. 여러분은 자신을 완전히 버리고 성령께서 여러분 안에서 활동하고 사시도록 합니까? 와서 여러분의 모든 실패, 곧 화를 냄으로 인한 실패, 혀로 인한 모든 실수, 아무리 적은 것이라 할지라도 성령께서 계시지 않고 자신의 힘으로 하려는 데서 온 모든 실패를 고백하십시오. 여러분은 자신을 버리고 성령님께 순종하였습니까?"

여러분이 이에 대해 대답하지 않는다면 두 번째 질문을 드리겠습니다. "여러분은 자신을 성령님께 드릴 마음이 있습니까? 여러분은 성령의 능력에 완전히 순종할 생각이 있습니까?"

여러분은 헌신의 인간적인 면이 여러분에게 도움이 되지 않으리라는 것을 잘 압니다. 나는 온 마음으로 수백 번 자신을 드릴 수 있지만, 그것이 내게 도움이 되지 않을 것입니다. 내게 도움을 줄 것은 이것입니다. 즉, 하나님께서 하늘로부터 그 헌신을 받으시고 인정해 주시는 것입니다.

그러면 이제 여러분은 성령님께 자신을 드릴 생각이 있습니까? 바로 지금 그렇게 할 수는 없습니다. 아주 많은 것이 여전히 어둡고 흐릿할 수 있고 여러분의 이해를 뛰어넘을 수 있습니다. 여러분은 아무것도 느끼지 못할 수 있습니다. 그러나 오십시오. 하나님만이 변화를 일으키실 수 있습니다. 성령을 우리에게 주신 하나님만이 성령을 힘 있게 우리 생활 속에 회복하실 수 있습니다. 하나님만이 "그의 성령으로 말미암아 너희 속사람을 능력으로 강건하게 하실"(엡 3:16) 수 있습니다. 기다리는 마음으로 기꺼이 희생하려고 하며 모든 것을 버리고 시간을 내어 하나님께 부르짖고 기도하는 사람에게 답이 올 것입니다. 이 복은 멀리 있지 않습니다. 우리 하나님께서는 우리를 도우시기를 기뻐하십니다. 하나님은 우리가 성령으로 시작한 일을 육체로 이루는 것이 아니라 성령으로 이루게 하실 수 있을 것입니다.

제 8 장

하나님의 능력으로 보호하심을 받다

"우리 주 예수 그리스도의 아버지 하나님을 찬송하리로다 그의 많으신 긍휼대로 예수 그리스도를 죽은 자 가운데서 부활하게 하심으로 말미암아 우리를 거듭나게 하사 산 소망이 있게 하시며 썩지 않고 더럽지 않고 쇠하지 아니하는 유업을 잇게 하시나니 곧 너희를 위하여 하늘에 간직하신 것이라 너희는 말세에 나타내기로 예비하신 구원을 얻기 위하여 믿음으로 말미암아 하나님의 능력으로 보호하심을 받았느니라." ― 베드로전서 1:3-5

내가 본문의 제목으로 삼은 말씀은 베드로전서 1:5에 나올 것입니다. 3-5절 말씀은 다음과 같습니다.

"우리 주 예수 그리스도의 아버지 하나님을 찬송하리로다……예수 그리스도를 죽은 자 가운데서 부활하게 하심으로 말미암아 우리를 거듭나게 하사 산 소망이 있게 하시며 썩지 않고 더럽지 않고 쇠하지 아니하는 유업을 잇게 하시나니……너희는 말세에 나타내기로 예비하신 구원을 얻기 위하여 믿음으로 말미암아 하나님의 능력으로 보호하심을 받았느니라."

내 본문의 말씀은 "믿음으로 말미암아 하나님의 능력으로 보호하심을 받았느니라"는 것입니다.

여기서 우리는 신자가 구원에 이르도록 지키심을 받는 보호하심에 관해 두 가지 복되고 놀라운 진리를 만납니다. 한 가지 진리는 **하나님의 능력으로 보호하심을 받는다**는 것이고, 다른 한 가지 진리는 **믿음으로 보호하심을 받는다**는 것입니다. 여기서 우리는 두 측면을 보아야 합니다. 하나님의 측면에서는, 하루 매 순간 우리를 보호하시는 자가 되기 위해 우리에게 제공되는 하나님의 전능한 능력을 보아야 합니다. 또 사람의 측면에서는 우리가 믿음으로 하지 않고는 하나님께서 우리를 보호하시는 일을 하시도록 할 수 있는 것이 아무것도 없다는 것입니다. 우리는 우리를 위하여 하늘에 간직된 유업을 다시 얻게 되었고, 여기 땅에서 하나님의 능력으로 보호하심을 받습니다. 여기서 우리는 이중의 보호를 봅니다. 즉, **유업이 하늘에서 나를 위해 보호하심을 받고, 내가 땅에서 그 유업을 위해 보호하심을 받습니다.**

이 보호하심의 첫 번째 부분에 관해서는 어떤 의심과 의문도 없습니다. 하나님께서는 그 유업을 하늘에서 아주 놀라울 정도로 완벽하게 보호하시므로, 그 유업은 하늘에서 안전하게 기다리고 있습니다. 그리고 바로 그 하나님께서 그 유업을 위해 나를 보호하십니다. 바로 그것이 내가 이해하고자 하는 바입니다.

만일 어떤 아버지가 유산을 얻도록 자기 자녀들을 보호하지 못한다면, 그가 자녀들에게 유산을 남겨주고 자녀들을 위해 유산을 지키려고 큰 수고를 하는 것이 아주 어리석은 일이라는 것을 여러분도 압니다.

어떤 사람이 돈을 모으기 위해 거기에 모든 시간을 쏟고 온갖 희생을 하다가 아주 큰돈을 모으게 되었는데, 사람들이 그에게 왜 그렇게 희생하는 삶을 사느냐고 물을 때 그가 다음과 같이 답변한다면 여러분은 어떻게 생각하겠습니까? 만일 그가 대답하기를 '나는 내 자녀들에게 많은 유산을 남겨주고 싶고 그래서 자녀들을 위해 그 유산을 지키고 있다"고 하는데, 그가 자녀들을 교육하는 데는 아무 수고를 하지 않고 자녀들이 제마음대로 거리를 활보하며 죄와 무지와 어리석음의 길로 계속 행하도록 내버려 둔다는 말을 듣는다면 여러분은 그에 대해 어떻게 생각하겠습니까? 이렇게 말하지 않겠습니까? "불쌍한 사람! 그는 자녀들을 위해 유산을 보호하고 있으면서도 그 유산을 받도록 자녀들을 보호하거나 지키지는 않고 있군!"

이렇게 생각하는 그리스도인들이 참으로 많습니다. 그들은 "내 하나님이 나를 위해 유업을 지키고 계신다"고 생각하면서 "내 하나님이 그 유업을 받도록 나를 보호하고 계시다"는 것은 믿지 못합니다.

이제 나는 하나님께서 우리에 대해 행하시는 일, 곧 유업을 받도록 나를 보호하고 계시는 일에 대해서 생각해 보겠습니다. 우리에게는 매우 단순한 두 가지 진리가 있다고 앞에서 말한 바 있습니다. 한 가지 진리는 하나님 편에서 생각할 때, 우리가 하나님의 능력으로 보호하심을 받는다는 것이고, 다른 한 가지 진리는 사람 편에서 생각할 때, 우리가 믿음으로 보호하심을 받는다는 것입니다.

하나님의 능력으로 보호하심을 받음

첫째로, 하나님 편에서 본 진리, 곧 그리스도인들은 하나님의 능력으로 보호하심을 받는다는 점을 봅시다.

포괄적인 보호하심

무엇보다 이 보호하심이 포괄적이라는 사실을 생각해 보십시오.

무엇이 보호를 받습니까? 여러분이 보호를 받습니다. 여러분이 어디까지 보호를 받습니까? 여러분 전체가 보호를 받습니다. 하나님께서 여러분의 한 부분은 보호하고 다른 부분은 보호하시지 않습니까? 그렇지 않습니다. 어떤 사람들은 이것이 막연한 일반적인 보호하심과 같은 것이며, 하나님께서 자기들을 보호하시되 자기들이 죽을 때 천국에 이르도록 보호하실 것이라는 생각을 합니다. 그들은 "보호 받는다"는 이 단어를 자신의 존재와 본성의 모든 것에 적용하지 않습니다. 그러나 하나님이 원하시는 보호는 우리의 존재 전체에 적용됩니다.

자, 여기 시계가 있습니다. 이 시계를 어떤 친구한테 빌렸는데, 그 친구가 내게 이렇게 말했다고 생각해 봅시다. "네가 유럽에 갈 때 이 시계를 차고 가게 해 줄게. 그 대신에 이 시계를 안전하게 간직하였다가 가지고 돌아와."

그런데 내가 그 시계를 망가트려서 시계 바늘들이 부러지고 시계 표면이 긁히고 톱니바퀴와 용수철이 망가진 채로 가져와서 친구에게 넘겼다고 생각해 봅시다. 그러면 친구는 이렇게 말할 것입니다. "네가 이

시계를 간직할 것이라는 조건으로 너에게 주었잖아."

"내가 시계를 간직하지 않았다고? 여기 시계가 있잖아."

"내가 이 시계를 간직하라고 한 것은 그냥 대충 간직해서 시계 껍데기나 잔해만 가져오는 정도로 간직하라고 한 것이 아니었어. 나는 네가 시계의 모든 부분을 간직하기를 바랐어."

그와 같이 하나님은 우리를 대충 보호해서 마지막에는 이럭저럭 해서 우리가 불 가운데서 구원을 받는 것처럼 겨우 천국에 들어가는 정도로 보호하기를 원하지 않으십니다. 하나님의 보호하시는 능력과 사랑은 우리 존재의 모든 부분에 적용됩니다.

하나님께서 자기들을 영적인 일들에서는 보호하실 것이나 세상적인 일들에서는 보호하시지 않을 것이라고 생각하는 사람들이 있습니다. 세상적인 일들은 하나님의 보호하시는 선 탁에 있다고 그들은 말합니다. 하나님께서 여러분을 이 세상에 보내시지만 이렇게 말씀하시지 않았습니다. "나는 이제 네가 가서 스스로 돈을 벌고 네 생계를 네 자신이 책임지도록 할 수밖에 없다." 하나님은 여러분이 스스로를 보호할 수 없다는 것을 아십니다. 하나님은 이렇게 말씀하십니다.

"얘야, 네가 해야 할 일은 없고 네가 관여할 사업도 없으며 네가 지출해야 할 적은 돈도 없다. 내가 네 아버지로서 그것을 다 관리할 것이다."

하나님께서는 단지 영적인 일들만 돌보시는 것이 아니라 세상적인 일들도 돌보십니다. 많은 사람들이 생활의 더 많은 부분을, 때로는 하루에 여덟 시간이나 아홉 시간 혹은 열 시간을 사업의 시험거리들과 혼란 가운데서 보내야 합니다. 그러나 하나님께서는 거기에서도 여러분을 보호하실 것입니다. 하나님의 보호하심은 모든 것을 포함합니다.

또 이렇게 생각하는 사람들이 있습니다. '아, 시련의 때에는 하나님께서 나를 보호하시지만 성공할 때는 하나님의 보호하심이 필요 없어. 그때 나는 하나님을 잊어버리고 하나님에 대해서 신경을 끄겠어.' 그런가 하면 정반대로 생각하는 사람들이 있습니다. 그들은 이렇게 생각합니다.

'성공할 때, 그러니까 일들이 순탄하고 평온할 때 나는 하나님을 굳게 붙잡을 수 있어. 하지만 큰 시련이 닥치면 웬일인지 내 마음이 하나님께 반항하고, 그러면 하나님께서 나를 보호하시지 않아.'

자, 나는 번영할 때에도 역경에 있을 때와 같이, 햇빛이 비칠 때에도 어둠 가운데 있을 때와 같이 여러분의 하나님은 언제나 여러분을 보호하실 준비가 되어 있다는 메시지를 전합니다.

그 다음에 하나님의 보호하심을 이렇게 생각하는 사람들도 있습니다.

'하나님께서는 내가 아주 크게 악한 일을 행하려고 할 때 나를 보호하실 것이지만 작은 죄들에 대해서는 나를 보호하실 것이라고 기대할 수 없어. 화를 내는 죄를 범할 때가 있는데, 하나님께서 나를 그 죄에서 보호하실 것이라고 기대할 수 없어.'

어떤 사람이 시험을 당하여 타락하였거나 방탕함이나 살인을 저지르게 되었다는 이야기를 들을 때 여러분은 하나님의 보호하시는 능력을 인해서 하나님께 감사드립니다. "하나님께서 나를 보호해 주시지 않았다면 나도 그 사람과 똑같은 짓을 저질렀을 수도 있어"라고 여러분은 말합니다. 그리고 하나님께서 여러분을 방탕함과 살인에서 보호해 주셨다고 믿습니다.

그런데 왜 여러분은 하나님께서 여러분이 노를 터트리지 않도록 지켜 주실 수 있다고 믿지는 못하는 것입니까? 여러분은 그것이 좀 덜 중요한 일이라고 생각했습니다. 신약성경의 큰 명령이 "내가 너희를 사랑한 것 같이 너희도 서로 사랑하라"(요 13:34)는 것임을 여러분은 기억하지 못했습니다. 여러분이 화나 성급한 판단, 날카로운 말을 내뱉었을 때 가장 고귀한 율법, 곧 하나님의 사랑의 법을 어기고 죄를 범한 것입니다. 그런데도 여러분은 "하나님께서 그런 죄에서 나를 보호하시지 않을 거야, 하실 수 없어"라고 말합니다. 아니, "하나님은 하실 수 없다"고 말하지 않고 "하나님께서는 나를 그런 죄에서 보호하시지 않아"라고 말합니다. 어쩌면 여러분은 이렇게 말할지 모릅니다. "하나님께서는 하실 수 있어. 하지만 내 안에는 내 손이 미치지 않고 하나님께서도 제거하시지 않는 어떤 것이 있어."

나는 여러분에게 묻고 싶습니다. 신자들이 일반적인 생활보다 더 거룩하게 살 수 있습니까? 신자들이 하루 종일 신자를 죄로부터 지키시는 하나님의 보호하시는 능력을 경험할 수 있습니까? 나는 하나님의 말씀으로부터 받은 메시지, 곧 하나님의 능력으로 보호하심을 받는다는 이 말씀을 메시지로 여러분에게 전합니다. 이 말씀에는 자격을 제한하는 조항이 없습니다. 그 의미는, 만일 여러분이 하나님의 전능하심에 전적으로 그리고 절대적으로 자신을 맡긴다면 하나님께서 여러분을 보호하기를 기뻐하신다는 것입니다.

　어떤 사람들은 자기들이 하는 말이 모두 하나님의 영광을 나타내게 되는 데까지 이를 수는 없다고 생각합니다. 하지만 그렇게 되는 것이 하나님께서 그들에게 원하시는 바이고, 기대하시는 바입니다. 하나님께서는 그들의 입 앞에 파수꾼을 세워두려고 하십니다. 하나님께서 그렇게 하려고 하신다면, 그들의 혀와 입술을 지키실 수 없겠습니까? 하실 수 있습니다. 바로 그것이 하나님께서 자기를 신뢰하는 자들을 위해서 하시려고 하는 바입니다. 하나님의 보호하심은 포괄적입니다. 거룩한 생활을 하기를 갈망하는 사람마다 모두 자신의 부족과 연약함, 단점, 모든 죄를 생각해 내고 의도적으로 이렇게 말하기를 바랍니다. "하나님께서 나를 지켜 범하지 못하게 하실 수 없는 죄가 있는가?" 거기에 대해 마음으로 이렇게 대답해야 할 것입니다. "없습니다. 하나님은 모든 죄로부터 나를 보호하실 수 있습니다."

전능한 보호하심

둘째로, 만일 여러분이 이 보호하심을 이해하기 원한다면, 이것이 모든 것을 포함하는 보호하심일 뿐만 아니라 또한 전능한 보호하심임을 기억하기 바랍니다.

　나는 이 진리가 내 마음속에 새겨지기를 바랍니다. 나는 내 마음이 하나님의 전능하심에 대한 생각으로 온통 채워질 때까지 하나님을 예배하고 싶습니다. 하나님은 전능하십니다. 이 전능하신 하나님께서 내 마음속에서 일하시는데, 곧 나를 보호하시는 일에 몰두하십니다. 나는 전능함에 연결되고 싶습니다. 아니 전능하신 분에게, 살아계신 하나님께 연결되고, 하나님의 손바닥 안에 내 자리를 만들고 싶습니다.

여러분은 시편을 읽을 때, 다윗이 사용하는 많은 표현들에 놀라운 사상이 담겨 있는 것을 압니다. 예를 들면, 다윗이 하나님에 관해 이야기할 때 하나님을 우리 하나님, 우리의 요새, 피난처, 강한 산성, 우리의 힘이시요 구원이시라고 말합니다. 다윗은 영원하신 하나님께서 친히 믿는 영혼의 피난처가 되시고, 하나님께서 신자를 자기 손바닥 안에, 하나님의 장막 은밀한 곳에(시 27:5), 그의 날개 그늘 아래, 그의 깃털 아래 보호하신다는 놀라운 생각이 있었습니다. 그런데 오순절의 자녀인 우리, 곧 그리스도와 그의 보혈, 그리고 하늘로부터 보냄을 받아 내려오신 성령님을 알고 있는 우리가 왜 우리의 보호자이신 전능하신 하나님과 함께 한 걸음 한 걸음 떨며 행하는 것이 구엇인지에 대해 그토록 모릅니까?

여러분은 마음속에서 일어나는 모든 은혜의 활동에서 여러분에게 복을 주시기 위해 하나님의 전능하심이 작용한다는 사실을 생각해 본 적이 있습니까? 내가 어떤 사람에게 가고 그 사람이 내게 돈을 선물로 주면 나는 그 돈을 받아가지고 갑니다. 그는 내계 자기 돈의 얼마를 주었습니다. 그리고 그 나머지 돈은 자신이 간직합니다. 그러나 그것은 하나님의 능력에는 맞지 않는 방식입니다. 하나님은 어떤 것도 자신의 능력과 분리하실 수 없습니다. 그러므로 나는 하나님과 접촉하고 교제하고 있는 한에서만 하나님의 능력과 선하심을 경험할 수 있습니다. 그래서 내가 하나님과 접촉하고 교제할 때, 하나님의 전능하심과도 접촉하고 교제하며 하나님의 전능하심이 매일 나를 돕게 만듭니다.

어떤 아들에게 아주 부자인 아버지가 있을 수 있습니다. 농부인 아들이 이제 막 사업을 시작하려고 하는데, 아버지가 이렇게 말합니다. "네가 사업을 하는데 필요한 만큼 돈을 줄 수 있다." 아버지에게 있는 모든 것은 아들이 마음대로 처분할 수 있는 것입니다. 이것은 하나님, 곧 여러분의 전능하신 하나님께 그대로 적용됩니다. 여러분은 그 사실을 거의 받아들이지 못합니다. 여러분은 자신을 작은 벌레와 같이 여깁니다. 작은 벌레와 같은 존재를 보호하기 위해 하나님의 전능하심이 필요하겠습니까? 그렇습니다. 티끌 속에 사는 작은 벌레 한 마리 한 마리를 보호하는데 하나님의 전능하심이 필요하고, 또 우주를 보호하시는데도 필요합니다. 그러므로 여러분과 내 영혼을 죄의 세력에서 보호하는데 하나님의 전능하심은 더욱더 필요합니다.

여러분이 은혜 안에서 자라기를 바란다면 여기서 시작하는 법을 반드시 배우기 바랍니다. 여러분은 판단, 묵상, 생각, 행위, 질문, 연구, 기도 등 모든 활동에서 여러분의 전능하신 하나님께 보호받는 법을 배우도록 하십시오. 전능하신 하나님께서 자기를 믿는 자녀를 위해 행하시지 않을 일이 무엇이 있겠습니까? 성경은 "우리가 구하거나 생각하는 모든 것에 더 넘치도록 능히 하실"(엡 3:20) 것이라고 말합니다. 여러분이 알고 신뢰하는 법을 배워야 하는 것은 바로 하나님의 전능하심입니다. 그것을 배운다면 여러분은 그리스도인이 마땅히 살아야 하는 대로 살 수 있을 것입니다. 우리는 그동안 하나님을 연구하는 법을 거의 배우지 못했고, 경건한 생활이란 하나님으로 충만한 생활임을, 다시 말해 하나님을 사랑하고 바라며 신뢰하는 생활, 하나님께서 복 주시도록 허용하는 생활이라는 것을 거의 배우지 못했습니다! 우리는 하나님의 능력을 힘입지 않고는 하나님의 뜻을 행할 수 없습니다. 하나님은 우리가 더 많은 것을 바라고 하나님 앞에 와서 하나님께서 하실 수 있는 모든 것을 행하여 주시기를 요구하도록 우리를 준비시키기 위해 그의 능력을 처음으로 경험하게 하십니다. 하나님께서 우리가 매일 하나님을 신뢰하도록 도와주시기를 바랍니다!

지속적인 보호하심

살펴볼 또 한 가지 생각이 있습니다. 하나님의 이 보호하심은 모든 것을 포함하고 전능한 것일 뿐만 아니라 또한 중단 없이 지속적입니다.

사람들은 때로 이렇게 말합니다.

"한 주 혹은 한 달 동안 하나님께서 나를 아주 놀랍게 지켜 주셨습니다. 즉, 나는 하나님의 얼굴 빛 가운데 살았고, 하나님과 교제하는 가운데서 내가 누리지 못한 무슨 기쁨이 있었는지 모르겠습니다. 하나님은 다른 사람들을 위한 내 사역에 복을 주셨습니다. 내게 영혼들을 주셨습니다. 그래서 때로 나는 마치 내가 하늘로 올라가는 독수리 날개를 타고 가는 것처럼 느꼈습니다. 그러나 그 느낌은 계속되지 않았습니다. 그것은 너무 좋았지만 지속될 수 없었습니다."

그런가 하면 이렇게 말하는 사람들이 있습니다. "내가 계속해서 겸손해지기 위해 넘어지는 일이 필요했습니다." 또 이렇게 말하는 사람들도 있습니다. "그것이 내 잘못이었다는 것을 압니다. 하지만 어쨌든 여러분이 언제까지나 고지에서 살 수는 없습니다."

사랑하는 여러분, 왜 그렇습니까? 어떤 이유에서든지 하나님의 보호하심이 중단 없이 계속되지 말아야 할 이유가 있습니까? 한 번 생각해 보십시오. 모든 생명은 중단 없는 연속 상태에 있습니다. 만일 내 생명이 30분 동안 멈춰진다면 나는 죽을 것이고, 내 생명은 사라질 것입니다. 생명은 지속적인 것입니다. 하나님의 생명이 교회의 생명이고, 하나님의 생명은 우리 속에서 활동하는 하나님의 전능하신 능력입니다. 그리고 하나님은 우리에게 전능하신 분으로 오십니다. 하나님은 아무 조건 없이 내 보호자가 되려고 하십니다. 하나님의 보호하심이란 날마다, 순간마다 하나님께서 우리를 지키려고 하신다는 의미입니다.

내가 여러분에게 "여러분은 하나님께서 어느 날 여러분이 실제로 죄를 범하지 않도록 지키실 수 있다고 생각하는가"라고 묻는다면 여러분은 이렇게 대답할 것입니다.

"나는 하나님께서 그렇게 하실 수 있다는 것을 알 뿐만 아니라 또한 지금까지 그렇게 해 오셨다고 생각합니다. 그동안 하나님께서 내 마음을 그의 거룩한 임재 안에서 보호해 오신 날들, 즉 비록 내 안에 언제나 죄악된 본성이 있었지만 하나님께서 내가 알면서도 실제로 죄를 범하는데서 나를 지키신 날들이 있었습니다."

자, 만일 하나님께서 한 시간이나 하루 동안 그렇게 하실 수 있다면, 이틀 동안 하시지 못할 이유가 있습니까? 하나님의 말씀에서 계시된 하나님의 전능하심을 우리 기대의 표준으로 삼읍시다. 하나님께서 그의 말씀에서 이렇게 말씀하시지 않았습니까? "나 여호와는 포도원지기가 됨이여 때때로 물을 주리라"(사 27:3). 그 말이 의미하는 바가 무엇입니까? "때때로"라는 말이 모든 순간이라는 뜻입니까? 하나님께서 그 포도원에 붉은 포도주를 약속하셨기 때문에 모든 순간 포도원에 물을 주어 태양열과 뜨거운 바람이 포도원을 말려버리지 못하게 하실 것입니까? 그렇습니다. 남아프리카에서 사람들이 때로 접붙이기를 할 때 접붙인 가지 위에 물병을 묶어 놓는데, 그러면 때때로 물방울이 떨어져 접가지를 흠뻑 적시게 될 것입니다. 그렇게 해서 접가지가 가지에 들러붙고 해의 열기를 견딜 시간을 갖기까지 습기가 거기에 끊임없이 보존됩니다.

우리 하나님께서 그렇게 하겠다고 약속하셨을 때는 우리를 향한 다정한 사랑으로 매 순간 우리를 보호하려고 하시지 않겠습니까? 일단 우리가 우리의 신앙생활은 전부 하나님의 행하심으로 이루어지게 되어 있다, 즉 "너희 안에서 행하시는 이는 하나님이시니 자기의 기쁘신 뜻을 위하여 너희에게 소원을 두고 행하게 하시느니라"(빌 2:13)는 이 생각을 붙잡는다면, 다시 말해 우리가 하나님으로부터 오는 것을 기대하는 믿음을 갖는다면 하나님께서 우리를 위해 모든 일을 행하실 것입니다.

이 보호하심은 계속적으로 이루어지게 되어 있습니다. 아침마다 여러분이 깨어날 때 하나님께서 여러분을 만나실 것입니다. 그것은 이렇게 의심할 문제가 아닙니다. "내가 아침에 깰 때 하나님을 생각하는 것을 잊는다면 어떻게 될 것인가?" 여러분이 아침에 깨어나는 일을 하나님께 맡긴다면 여러분이 아침에 깰 때 하나님께서 하나님의 거룩한 햇빛과 사랑으로 여러분을 만나시고, 그 날 내내 여러분에게 하나님이 계셔서 그의 전능하신 능력으로 여러분을 맡아 주시리라는 의식을 여러분에게 주실 것입니다. 그리고 하나님께서 다음날 그리고 매일 여러분을 만나실 것입니다.

교제를 실행하는 가운데서 때로 실패가 온다고 할지라도 걱정하지 마십시오. 여러분이 자신의 위치를 지키며 이렇게 말한다면, 곧 "주님, 나는 주께서 있는 힘을 다하실 것으로 기대하며, 또 주께서 날마다 나를 절대적으로 보호하실 것이라고 믿겠습니다"라고 말한다면, 여러분의 믿음은 더욱더 튼튼하게 성장할 것이고, 하나님의 보호하시는 능력이 계속되리라는 것을 알 것입니다.

믿음으로 보호하심을 받음

이제 다른 면, 곧 믿는 일을 살펴보겠습니다. "믿음으로 말미암아 하나님의 능력으로 보호하심을 받았느니라"(벧전 1:5).

믿음은 무력함을 함축합니다

나는 무엇보다 이 믿음은 하나님 앞에서 전적인 무능력과 무력함을 의미한다고 말합니다.

모든 믿음의 밑에는 무력함을 느끼는 것이 있습니다. 내게 집을 사는 일이 있다면 부동산 중개인은 소유권을 내 이름으로 이전하는 일과 그에 따른 모든 준비하는 일을 해야 합니다. 나는 그 일을 할 수 없습니다. 그 중개인에게 일을 맡기는 것은 내가 그 일을 할 수 없다는 것을 고백하는 것입니다. 그와 같이 믿음은 언제나 무력함을 의미합니다. 많은 경우에 믿음은 이것을 의미합니다. 나는 애를 많이 써도 그 일을 할 수 없지만 다른 사람은 나보다 더 잘할 수 있습니다. 그러나 대부분의 경우에 믿음은 전적인 무력함을 의미합니다. 다른 사람이 나를 대신해서 그 일을 해야 합니다. 그리고 그것이 영적 생활의 비밀입니다. 사람은 이렇게 말하는 법을 배워야 합니다.

"나는 모든 것을 포기합니다. 그동안 노력하고 갈망하고 생각하며 기도했지만 실패하고 말았습니다. 하나님께서 내게 복을 베푸시고 나를 도우셨지만 그럼에도 불구하고 결국 얻는 것은 많은 죄와 슬픔뿐이었습니다."

사람이 이렇게 전적인 무력함과 자기 포기에 떨어져서 "나는 아무 것도 할 수 없어!"라고 말하게 될 때 참으로 놀라운 변화가 일어납니다.

바울을 생각해 보십시오. 그는 복된 생활을 하고 있었습니다. 세 번째 하늘에 이끌려 올려갔는데, 그 다음에 육체의 가시, 곧 "나를 치는 사탄의 사자"(고후 12:7)가 왔습니다. 그래서 어떻게 되었습니까? 바울은 그것을 이해할 수가 없어서 그 가시를 제거해 달라고 세 번 주님께 기도했습니다. 그런데 주님은 사실상 이렇게 말씀하셨습니다. "아니다. 너는 자만하게 될 수가 있다. 그래서 너를 계속 약하고 겸손하게 만들기 위해 네게 이 시련을 보냈다."

그때 바울은 한 가지 교훈을 배웠고 결코 잊지 않았습니다. 그것은 자신의 약함을 기뻐하는 것이었습니다. 그는 자신이 약하면 약할수록 그것이 자기에게는 그만큼 더 좋다고 하였습니다. 왜냐하면 자신이 약할 때 자신의 주님 그리스도 안에서 강하였기 때문이었습니다.

여러분은 사람들이 말하는 "더 고귀한 생활"에 들어가기를 원합니까? 그렇다면 더 낮은 데로 내려가시기 바랍니다. 나는 보드맨 박사(Dr. Boarman)[1]가 한 얘기가 생각납니다. 한 번은 그가 어떤 신사에게 초대를 받아 노동자들이 좋은 포탄을 만드는 작업장을 구경하러 갔습니다. 노동자들이 높은 곳에서 녹은 납을 붓는 일을 했습니다. 이 신사는 보드맨 박사를 작업이 어떻게 이루어지는지 보여주기 위해 탑 꼭대기로 데려가려고 했습니다. 박사는 탑으로 가서 문을 열고 들어가 계단을 올라가기 시작했습니다. 그런데 그가 몇 계단 올라갔을 때 그 신사가 소리쳤습니다. "그 길이 아니에요. 박사님, 이리로 내려오셔야 해요. 그 계단은 잠겨 있어요."

그 신사가 박사를 데리고 아래층으로 많은 계단을 내려왔습니다. 거기에 그를 데리고 꼭대기로 올라갈 엘리베이터가 준비되어 있었습니다. 그러자 박사가 이렇게 말했습니다. "나는 오늘 한 가지 교훈을 배웠습니다. 많은 경우에 내려가는 것이 올라가는 최선의 길이라는 것입니다."

---

1. 조지 보드맨 박사(Dr. George Boardman)는 침례교 선교사였다. 그는 아내 사라 홀 보드맨(Sarah Hall Boardman)과 함께 그리고 아도니람 저드슨(Adoniam Judson)과 같이 저드슨의 아내 앤이 죽은 직후에 미얀마에서 일했다. 1831년에 보드맨은 선교 현장에서 죽었다. 그의 아내 사라는 미얀마에서 남아 카렌 부족(Karen tribe)에게 복음을 전하고 섬겼고, 1834년에 저드슨과 결혼하였다.

그렇습니다. 하나님은 우리를 매우 낮은 데로 데려가셔야 하고, 거기에서 우리는 덧없음과 절망과 무가치함을 느껴야 할 것입니다. 영원하신 하나님께서 능력 있게 자신을 계시하고 우리의 마음이 오직 하나님만을 신뢰하는 법을 배우는 것은 바로 우리가 철저한 무력감에 빠질 때입니다.

우리가 하나님을 완전히 신뢰하지 못하도록 막는 것은 무엇입니까? 많은 사람이 말합니다.

"나는 당신이 말하는 바를 믿습니다. 그런데 한 가지 어려움이 있습니다. 만일 내 신뢰가 완전하고 언제나 변치 않는 것이라면 모든 일이 올바르게 될 것입니다. 왜냐하면 하나님께서는 신뢰를 존중하실 것이기 때문입니다. 그런데 내가 어떻게 그 신뢰를 얻을 수 있습니까?"

내 대답은 이것입니다.

"자기에 대해 죽음으로써 얻을 수 있습니다. 신뢰에 이르는 것을 막는 큰 장애물은 자기 노력입니다. 여러분이 스스로의 지혜와 생각과 힘을 붙잡고 있는 한, 여러분은 완전히 신뢰할 수 없습니다. 그러나 하나님께서 여러분을 무너뜨리실 때, 모든 것이 여러분의 눈 앞에 희미해지기 시작할 때, 그리고 여러분이 아무것도 알지 못한다는 것을 알게 될 때, 그때 하나님께서 가까이 오실 것입니다. 그리고 만일 여러분이 자신이 아무것도 아님을 알고 엎드려 하나님을 바란다면 하나님께서 모든 것이 되실 것입니다."

우리가 **특별한 존재**로 있는 한 하나님께서 **모든** 것이 되실 수 없습니다. 하나님의 전능하심이 완전히 작용할 수 없습니다. 바로 그것이 믿음의 시작입니다. 즉, 자아에 대한 전적인 절망, 곧 사람과 땅에 있는 모든 것에 대한 신뢰를 끝내고 오직 하나님 안에서만 소망을 찾는 것이 믿음의 시작입니다.

믿음은 안식입니다
그 다음에 우리는 믿음이 안식이라는 것을 알아야 합니다.

신앙생활 처음에, 믿음은 분투노력입니다. 그러나 분투노력하는 동안은 믿음이 힘을 얻지 못합니다. 그러나 분투노력하는 믿음이 스스로 끝을 내고 자신을 하나님께 맡기고 하나님을 의지할 때, 그때 기쁨과 승리가 옵니다.

혹시 내가 케직 사경회(Keswick Convention)[2]가 어떻게 시작되었는지를 이야기한다면 그 점을 좀 더 분명하게 말할 수 있을 것입니다. 캐논 배터스비(Canon Battersby)는 20년 이상을 영국 국교회의 복음주의적인 성직자로 생활하였습니다. 그는 깊고 다정한 경건을 지닌 사람이었지만 평안과 죄에 대한 승리를 느끼지 못하였고 종종 자신의 비틀거림과 실패와 죄를 생각하고 몹시 슬퍼하였습니다. 승리의 가능성에 관한 이야기를 들었을 때 그는 호감이 가는 말이라고 느꼈지만 자신은 거기에 도

---

2. 지금도 열리고 있는 케직 사경회(The Keswick Convention)는 일주일 동안 지속되는 복음주의 그리스도인들의 중요한 신앙 집회이며, 1875년 이후로 잉글랜드 케직에서 매년 개최되어 왔다. 이 사경회는 주로 기도와 토론과 개인적인 대화를 통해 "실제적인 경건을 함양하기 위해" 열린다. 1875년 브라이튼(Brighton) 부흥운동 집회에서 케직에 있는 성 요한 교회의 교구 목사인 캐논 배터스비(Canon Harford-Battersby)가 그 다음 7월에 케직에 있는 자기 목사관 뜰에서 사경회를 갖자고 제안하였다. 그 이후로 이 사경회는 매년 7월 마지막 주에 케직에서 집회를 열었다.

달할 수 없는 것 같았습니다.

　한 번은 그가, 그리스도께 자기 아들을 고쳐 주시기를 부탁하려고 가버나움에서 가나로 온 귀족의 이야기를 가지고 "평안과 믿음"에 대해 전하는 설교를 들었습니다. 설교자는 그 귀족이 대체로 그리스도께서 자기를 도우실 수 있을 것으로 믿었지만 실제로 경험해 보고자 예수께 왔다고 하였습니다. 그는 그리스도께서 자기를 도우실 것이라고 바랐지만 그 도움에 대해 아무런 확신도 갖지 못하였습니다. 그런데 어떤 일이 벌어졌습니까? 그리스도께서 그에게 "가라 네 아들이 살아 있다"(요 4:50)고 말씀하셨을 때, 그 사람은 예수께서 하신 말씀을 믿었습니다. 그 말씀을 신뢰하였습니다. 그는 자기 아들이 다시 좋아졌다는 아무런 증거가 없었습니다. 그는 가버나움으로 돌아가는 7시간 여행길을 걸어가야 했습니다. 그는 걸어서 돌아갔고, 가는 도중에 자기 종을 만나 들은 첫 번째 소식은 그 아들이 건강하다는 것이었고, 전날 오후 1시, 그러니까 예수께서 그에게 말씀하신 바로 그 시각에 열이 아이에게서 떠났다는 것이었습니다. 아이의 아버지는 예수님의 말씀과 활동을 의지하였고, 가버나움으로 내려가서 자기 아이가 건강한 것을 보았습니다. 그는 하나님을 찬양하였고 그와 함께 그의 온 집이 예수님을 믿고 그의 제자가 되었습니다.

　친구 여러분, 바로 그것이 믿음입니다! 하나님께서 나를 보호하시겠다는 약속을 가지고 내게 오시고, 나는 세상에서 신뢰할 것이 아무것도 없을 때, 나는 하나님께 이렇게 말씀드립니다. "주님의 말씀으로 충분합니다. 나는 하나님의 능력으로 보호하심을 받습니다." 이것이 믿음이고, 이것이 안식입니다.

캐논 배터스비는 이 설교를 듣고 밤에 집으로 가면서 밤의 어둠 속에서 안식을 얻었습니다. 그는 예수님의 말씀을 의지했습니다. 그리고 다음날 아침 옥스퍼드 거리에서 그는 한 친구에게 말했습니다. "드디어 발견했어!" 그리고 가서 다른 사람들에게 케직 사경회를 시작하자고 하고, 사경회에 참석한 사람들이 자신과 함께 하나님께서 행하신 일을 그저 증거하기만 하자고 권하였습니다.

사람이 짜증, 성급함, 노여움, 무정함, 교만, 죄에 빠질 수 있는 시험들이 예상되는 가운데서 생활의 모든 순간에 하나님의 전능하신 능력을 의지하는 것은 중요한 일입니다. 이런 시험들이 예상되는 가운데서 사람이 말하는 어떤 것이나 내 마음이 느끼는 어떤 것 때문이 아니라 하나님의 말씀의 힘 때문에 전능하신 여호와와 언약을 맺는 것은 중대한 일입니다. "믿음으로 말미암아 하나님의 능력으로 보호하심을 받았느니라."

우리는 하나님을 최대한으로 시험할 것이라고 하나님께 말씀드립시다. 우리는 이렇게 말합시다. "우리는 하나님께서 주실 수 있는 바로 그것을 하나님께 구합니다." 또 이렇게 말합시다.

"나의 하나님이여, 내 삶이 전능하신 하나님께서 하실 수 있는 것이 무엇인지를 증거하게 하여 주옵소서. 깊은 무력감, 그리고 어린아이 같은 단순한 안식, 이 두 가지가 매일 우리 영혼의 깊은 성향이 되게 하여 주소서."

믿음은 교제를 필요로 합니다

이제 나는 믿음에 관하여 한 가지 생각만 더 살펴보도록 하겠습니다. 그것은 믿음은 하나님과의 교제를 함축하고 있다는 것입니다.

많은 사람들이 하나님의 말씀을 떼어서 믿고 싶어 하지만 믿을 수 없다는 것을 발견합니다. 아, 그렇게 해서는 안 됩니다! 여러분은 하나님과 그의 말씀을 분리시킬 수 없습니다. 하나님을 떠나서는 어떤 선함이나 능력도 받을 수 없습니다. 여러분이 경건한 생활에 들어가기를 원한다면 하나님과의 교제를 위해 시간을 내어야 합니다.

사람들은 때로 내게 이렇게 말합니다.

"내 생활은 어찌나 바쁘고 부산스러운지 하나님과 교제할 시간이 전혀 없습니다."

잘 아는 한 선교사가 말했습니다.

"사람들은 우리 선교사들이 어떻게 시험을 받는지 모릅니다. 나는 아침에 5시에 일어납니다. 그러면 원주민들이 할 일에 대한 지시를 기다리고 있습니다. 그 다음에 나는 학교에 가서 몇 시간을 보내야 합니다. 그 다음에는 다른 일들이 기다리고 있습니다. 16시간이 순식간에 지나갑니다. 나는 홀로 하나님과 지낼 시간을 거의 갖지 못합니다."

아, 거기에 부족이 있습니다. 제발 이 두 가지를 기억하기 바랍니다. 나는 여러분에게 하나님의 전능하심을 하나의 사물로서 신뢰하라고 말하지 않았습니다. 나는 여러분에게 하나님의 말씀을 하나의 기록된 책으로 신뢰하라고 말하지 않았습니다. 나는 여러분에게 전능하신 하나님께, 그 말씀의 하나님께 가라고 했습니다. 그 귀족이 살아계신 그리스도를 대하였듯이 하나님을 대하십시오. 그 사람은 왜 그리스도께서 자기에게 하신 말씀을 믿을 수 있었습니까? 하나님의 아들이신 예수님의 눈과 어조와 목소리에서 그는 그리스도를 신뢰할 수 있게 만드는 어떤 것을 보고 들었기 때문입니다. 바로 그것이 그리스도께서 여러분과 나를 위해 하실 수 있는 일입니다. 자기 속에서 믿음을 불러일으키려고 하지 마십시오. 내가 그렇게 해보려고 했지만 결국 바보짓을 하고 만 경우가 얼마나 많은지 모릅니다! 여러분은 자신의 마음 깊은 곳에서 믿음을 불러일으킬 수 없습니다. 여러분의 마음은 놓아두고, 그리스도의 얼굴을 들여다보며 그리스도께서 어떻게 여러분을 보호하려고 하시는지에 대해 여러분에게 말씀하시는 바를 귀 기울여 들으십시오. 여러분의 사랑하는 아버지 하나님의 얼굴을 올려다보고 매일 시간을 내어 그분과 함께 지내며, 가진 것이 아무것도 없고 모든 것을 그분에게서 얻기를 바라는 사람의 깊은 공허함과 가난함으로 새 생활을 시작하십시오. 살아계시는 하나님, 곧 전능하신 여호와를 의지하는 사람의 평온함을 가지고 새 생활을 시작하고, 하나님께서 하늘 문을 열고 더 이상 받을 곳이 없도록 복을 부어주시지 않는지 하나님을 시험해 보십시오.

나는 끝으로 여러분이 하늘의 유업을 위해 하늘의 보호하심을 완전히 경험하기를 바라는지 묻겠습니다. 로버트 머리 맥체인(Robert Murray M'Cheyne)[3]은 어딘가에서 이렇게 말합니다. "오, 하나님, 제가 사죄 받은

---

3. 로버트 머리 맥체인(Robert Murray M'Cheyne, 1813-1843)은 스코틀랜드 던디(Dundee)에 있는 성 베드로 교회에서 1836년부터 1843년에 30세 나이로 죽을 때까지 목사로 봉사하였

죄인이 거룩하여질 수 있는 데까지 거룩하게 하여 주소서." 만일 그 기도가 여러분의 마음속에 있다면, 이제 와서 영원하시고 전능하신 여호와와 새롭게 언약을 맺고, 깊은 무력감에서 그러나 또한 큰 평안함 가운데서 자신을 하나님의 손에 맡깁시다. 그 다음에 우리가 언약을 맺을 때 이 한 가지 기도를 드립시다. 우리가 영원하신 하나님께서 우리의 동무가 되셔서 그날의 모든 순간에 우리의 손을 붙잡으시며, 우리의 보호자가 되셔서 한순간의 격차도 없이 끊임없이 우리를 지켜보시고, 우리의 아버지가 되셔서 우리 영혼에 언제나 자신을 계시하기를 기뻐해 주시라고 기도합시다.

하나님은 그의 사랑의 빛이 하루 종일 우리에게 비치도록 할 능력이 있습니다. 여러분이 사업을 한다고 해서 언제나 하나님과 함께 할 수 없을 것이라고 두려워하지 마십시오. 이 자연의 태양이 하루 종일 여러분을 비추고 여러분은 그 빛을 즐거워하며, 여러분이 어디에 있든지 해를 보게 되는데, 하나님께서 해가 여러분을 비추도록 돌보고 계신다는 교훈을 배우도록 하십시오. 또 하나님께서는 자신의 거룩한 빛이 여러분을 비추게 하실 것이고, 여러분이 하나님께서 그 빛을 비추게 하실 것을 믿으려고만 한다면 그 빛에 거하게 되리라는 교훈을 배우도록 하십시오. 우리는 하나님께서 그렇게 하실 것이라고 크고 완전한 신뢰로 하나님을 믿읍시다.

다. 찰스 스펄전(Charles Spurgeon)과 존 스토트(John Stott) 같은 유명 인사들은 일 년에 성경 전체를 통독하는 방법을 제공하는 그의 성경읽기표(Bible Reading Calendar)를 추천하였다.

자, 하나님의 전능하심이 있습니다. 그리고 그 전능하심이 발휘되는 정도를 정하는 믿음이 있습니다. 우리는 이렇게 말하지 않겠습니까? "나는 하나님의 전능하심이 행할 수 있는 모든 것을 내 하나님께서 행하실 것이라고 믿겠습니다." 이 놀라운 천상의 생활에 두 가지 면이 있지 않습니까? 하나님의 전능하심이 나를 보호하고, 보잘것없는 내 의지가 그 전능하심 안에서 쉬고 그 전능하심을 기뻐합니다!

  매 순간 나는 하나님의 사랑으로 보호하심을 받네.
  매 순간 나는 위로부터 생명을 받네.
  예수를 보니 그 영광이 빛을 비추네.
  매 순간, 오, 주님, 나는 주의 것이나이다!

제 9 장

너희는 가지라
교역자들에 대한 설교

> "나는 포도나무요 너희는 가지라 그가 내 안에, 내가 그 안에 거하면 사람이 열매를 많이 맺나니 나를 떠나서는 너희가 아무 것도 할 수 없음이라."
> — 요한복음 15:5

모든 것이 우리가 바른 상태에 있는 것, 곧 우리 자신이 그리스도 안에 있는 것에 달려 있습니다. 내가 좋은 사과를 갖고 싶으면 좋은 사과나무가 있어야 합니다. 그리고 내가 그 사과나무가 건강하게 자라도록 돌본다면 그 사과나무는 내게 좋은 사과를 내놓을 것입니다. 우리 그리스도인의 생활과 활동도 바로 그와 같습니다. 우리의 생활이 그리스도와 바른 관계에 있다면 모든 것이 바르게 될 것입니다. 그 일의 다른 부분들에서 지시와 제안과 도움과 훈련이 필요할 수 있습니다. 그 모든 것이 가치가 있습니다. 그러나 결국 가장 중요하고 본질적인 것은 그리스도 안에 있는 충만한 생명을 갖는 것입니다. 다른 말로 하면, 그리스도를 우리 안에 모시고 우리를 통해 일하시도록 하는 것입니다. 흔히 얼마나 많은 것들이 우리의 마음을 어지럽게 하고 혹은 걱정스런 질문들을 일으키는지 나는 압니다. 그러나 만일 우리가 주님께 대하여 올바른 태도를 지니고 그 안에서 보호를 받기만 한다면 주님께서는 우리 모두에게 큰 복을 주시고 그처럼 완전한 평안과 안식, 큰 기쁨과 힘을 주실 수 있습니다.

나는 이 포도나무와 가지의 비유에서 요한복음 15:5에 나오는 이 말씀을 본문으로 삼겠습니다. "나는 포도나무요 너희는 가지라." 그 중에서도 특별히 "너희는 가지라"는 말씀을 본문으로 삼겠습니다.

가지, 곧 나무의 가지나 포도나무의 가지가 된다는 것은 참으로 간단한 일입니다! 가지는 포도나무나 다른 나무로부터 자랍니다. 그 가지는 살아서 자라다가 적당한 때가 되면 열매를 맺습니다. 가지는 그저 뿌리와 줄기로부터 수액과 자양분을 받는 것 외에 아무 책임이 없습니다. 만일 우리가 성령님에 의해 예수 그리스도에 대한 우리의 관계를 알기만 한다면 우리의 활동은 이 땅에서 가장 빛나고 가장 천상적인 일로 변화될 것입니다. 영혼이 지치거나 고갈되지 않고 우리의 활동은 우리를 예수님과 연결시키는 새로운 경험과 같은 것이 될 것입니다. 이것은 다른 어떤 것도 할 수 없는 일입니다. 우리의 일이 우리와 예수님 사이를 가로막는 경우가 많지 않습니까? 참으로 어리석은 일입니다! 주께서 내 안에서 하셔야 하고 나는 주님을 위해 해야 하는 바로 그 일을 내가 그리스도와 나를 떼어놓는 방식으로 행하고 있는 것입니다. 포도원에 있는 많은 일꾼이 자기는 일이 너무 많아서 예수님과 친밀한 교제를 나눌 시간이 없다고, 자신의 일상적인 일 때문에 기도하고 싶은 마음이 약해지고 사람들을 너무 많이 접촉하다 보니 영적 생활이 어두워진다고 불평해왔습니다. 열매를 맺는 일이 가지를 포도나무에서 분리시킨다고 하는 것은 슬픈 생각입니다! 그것은 우리가 자신의 일을 가지가 열매를 맺는 일이 아닌 다른 어떤 것으로 보았기 때문이 틀림없습니다. 하나님께서 그리스도인 생활에 관한 모든 거짓된 생각에서 우리를 구원해 주시기를 바랍니다.

자, 가지로서 열매 맺는 이 복된 생활에 관해 몇 가지만 생각해 봅시다.

절대적인 의존

첫째로, 그것은 절대적인 의존의 생활입니다. 가지는 가진 것이 아무것도 없습니다. 가지는 그저 모든 것을 포도나무에 의존하고 있습니다. 절대적인 의존이 지극히 중요하고 귀한 생각들 가운데 하나입니다. 독일의 한 저명한 신학자가 몇 해 전에 칼빈 신학의 전체는 하나님께 대한 절대적인 의존이라는 이 한 원칙으로 요약된다는 것을 보여주기 위해 두꺼운 책 두 권을 썼는데, 그의 판단이 옳았습니다. 또다른 저명한 작가는 오직 하나님께 대한 변치 않는 절대적인 의존이 천사들의 종교의 핵심이고 또한 사람들의 종교의 핵심이 되어야 한다고 말했습니다. 하나님은 천사들에게 모든 것이 되시며, 그리스도인에게도 모든 것이 되기를 바라십니다. 우리가 하루의 매 순간 하나님을 의지하는 법을 배울 수 있다면 모든 것이 바르게 될 것입니다. 여러분이 절대적으로 하나님을 의지한다면 여러분은 고상한 생활을 하게 될 것입니다.

자, 우리는 포도나무와 그 가지의 관계에서 그 점을 발견합니다. 여러분이 포도나무를 볼 때마다 혹은 여러분의 식탁에 오르는 포도송이를 볼 때마다 여러분은 가지는 절대적으로 포도나무에 의존해 있다는 점을 기억하기 바랍니다. 포도나무가 일을 해야 가지가 그 열매를 누립니다.

포도나무가 해야 할 일은 무엇입니까? 포도나무는 뿌리를 땅 속으로 뻗고 땅 아래에서 사냥을 해야 합니다. 흔히 뿌리는 자양분을 찾고 습기를 빨아들이기 위해 멀리까지 뻗어나갑니다. 어떤 방향에 거름을 주면 포도나무가 뿌리를 그리로 뻗습니다. 그 다음에는 포도나무는 뿌리나 줄기에서 습기와 거름을 열매를 맺게 할 특별한 수액으로 변화시킵니다. 포도나무가 그 일을 하고, 가지는 포도나무에서 그저 수액을 받기만 하면 됩니다. 그리고 그 수액이 포도로 바뀝니다. 나는 런던의 햄프턴 코트(Hampton Court)에 때로 포도송이가 2,3천개나 열려서 사람들이 그처럼 크게 자라고 열매가 많이 맺히는 것을 보고 깜짝 놀라게 한 포도나무가 있다는 말을 들었습니다. 후에 그 원인이 밝혀졌습니다. 거기서 아주 멀지 않은 곳에 템스 강이 흐르고 있습니다. 포도나무는 땅 밑으로 뿌리를 수백 미터까지 뻗어서 강가에 닿았고, 거기 하천의 차진 흙 속에서 풍성한 자양을 발견하고 습기를 얻었습니다. 뿌리는 아주 먼 거리로부터 수액을 포도나무로 빨아들였고, 그 결과 지극히 풍성한 수확을 거두게 되었던 것입니다. 포도나무가 자기 할 일을 했고, 가지는 그저 포도나무를 의존하여 나무가 주는 것을 받았을 뿐입니다.

이 사실이 문자적으로 우리 주 예수님께 그대로 적용되지 않습니까?

내가 일해야 할 때, 설교를 하거나 성경 공부반에서 가르치거나 나가서 가난한 자들, 버려진 사람들을 만나야 할 때, 그 일의 모든 책임이 그리스도께 있다고 알아야 합니까?

바로 그것이 그리스도께서 여러분이 알기를 바라시는 바입니다. 그리스도께서 원하시는 것은 이것입니다. 즉, 여러분이 행하는 모든 일에서 그 기초는 단순하지만 복된 이 생각이어야 합니다. 곧 그리스도께서 모든 것을 돌보셔야 한다는 것입니다.

그러면 주께서는 신자들이 그렇게 주님을 의존하는 신뢰를 어떻게 충족시키십니까? 성령을 보내심으로써 충족시키시는데, 특별한 선물로 가끔만 보내시는 것이 아닙니다. 포도나무와 가지의 관계는 아주 긴밀해서 매시간, 매일, 끊임없이 생명의 관계가 유지되고 있음을 기억하도록 성령을 보내십니다. 수액은 잠시 흐르다가 그쳤다가 다시 흐르는 식으로 흐르지 않습니다. 그보다 매 순간 수액은 포도나무에서 가지로 흐릅니다. 바로 그와 같이 나의 주 예수께서는 내가 일꾼으로서 그 복된 위치를 차지하기를 바라십니다. 그래서 모든 활동에서 아침마다, 매일, 매 시간, 한 걸음 한 걸음 내가 아무것도 모르고 아무것도 아니며 아무것도 할 수 없는 자라는 철저한 무력감 속에서 하나님 앞에 나아가 거기 거해야 합니다. 사랑하는 일꾼 여러분, 아무것도 아닌 것이라는 단어를 연구하십시오. 여러분은 때로 이렇게 노래합니다. "아무것도 아닌 것이 되면 좋겠네, 아무것도 아닌 것이 되면 좋겠네." 그러나 여러분은 정말로 그 단어를 연구해 보고, 그 단어에 비추어서 매일 기도하고 하나님을 예배드린 적이 있습니까? 아무것도 아니라는 그 단어의 복됨을 압니까?

   만일 내가 특별한 존재라면 하나님은 모든 것이 아니십니다. 그러나 내가 아무것도 아닌 것이 될 때, 하나님께서 모든 것이 되실 수 있고, 영원하신 하나님께서 그리스도 안에서 자신을 완전히 계시하실 수 있습니다. 그것이 고상한 생활입니다. 우리는 아무것도 아닌 것이 될 필요가 있습니다. 스랍과 그룹들이 불꽃인 이유는 그들이 자신이 아무것도 아닌 것을 알고, 하나님께서 그의 충만함과 영광과 밝음을 자기들 속에 집어넣도록 허락하기 때문이라고 말한 사람이 있는데, 옳은 말입니다. 진실로 아무것도 아닌 것이 되고, 일꾼으로서 이 한 가지만을 연구하십시오. 곧, 그리스도께서 여러분 속에서 모든 일을 하시도록 더 가난하고 더 낮아지고 더 무력해지는 법을 연구하십시오.

   일꾼 여러분, 여러분이 첫째로 배워야 할 교훈이 여기 있습니다. 아무것도 아닌 것이 되는 법을 배우고, 무력해지는 법을 배우십시오. 어떤 특별한 것을 가진 사람은 절대적으로 하나님을 의지하지 않습니다. 그러나 아무것도 가진 것이 없는 사람은 절대적으로 하나님을 의지합니다. 하나님께 대한 절대적인 의존이 일할 수 있는 모든 능력의 비밀입니다. 가지는 포도나무에서 얻는 것 외에 아무것도 가진 것이 없습니다. 여러분과 나는 예수님으로부터 받는 것 외에 아무것도 가질 수 있는 것이 없습니다.

깊은 평온함

둘째로, 가지의 생활은 전적인 의존의 생활일 뿐만 아니라 또한 깊은 평안의 생활이기도 합니다.

그 작은 가지, 곧 햄프턴 코트에 있는 포도나무나 햇볕이 잘 드는 땅인 남아프리카에 있는 수백만 그루의 포도나무들 가운데 어떤 포도나무의 작은 가지가 생각할 수 있고, 느낄 수 있으며, 말할 수 있다면, 다시 말해 여기 어떤 작은 가지가 오늘 우리에게 말을 할 수 있다면, 그래서 우리가 이렇게 말할 수 있다면 그 가지는 어떻게 대답할 것입니까?

"자, 포도나무 가지야, 나는 어떻게 네가 그 살아 있는 포도나무의 참 가지가 될 수 있는지 네게 배우고 싶다."

그 작은 가지는 이렇게 속삭일 것입니다.

"이봐요, 나는 당신이 지혜롭다는 말을 듣습니다. 나는 당신이 놀라운 일들을 아주 많이 행할 수 있다는 것을 압니다. 당신이 힘과 지혜를 많이 받았다는 것을 압니다. 하지만 내게는 당신에게 들려줄 교훈이 있습니다. 당신은 그리스도의 사역에서 아무리 서두르고 노력할지라도 성공하지 못합니다. 당신에게 필요한 첫 번째 일은 와서 여러분의 주 예수님 안에서 안식하는 것입니다. 바로 그것이 내가 행하는 바입니다. 포도나무에서 자란 이후로 나는 수년을 보냈는데, 내가 한 일은 그저 포도나무 안에서 안식하는 것뿐이었습니다. 봄이 왔을 때 나는 아무 염려나 근심이 없었습니다. 포도나무가 내게 수액을 붓고 싹과 잎을 틔우기 시작했습니다. 그리고 여름철이 왔을 때 아무 걱정 하지 않았습니다. 뜨거운 열 속에서 나는 포도나무가 계속해서 습기를 가져다주어 나를 신선하게 유지할 것이라고 믿었습니다. 그리고 수확기가 되어 주인이 포도를 따러 왔을 때 나는 아무 염려 하지 않았습니다. 포도가 좋지 않았을지라도 주인은 가지를 비난하지 않았습니다. 가지는 언제나 포도나무에 붙어 있었기 때문입니다. 여러분이 살아계신 포도나무인 그리스도의 참된 가지가 되고자 한다면 그리스도를 의지하기만 하십시오. 그리스도께서 책임을 지시도록 하십시오."

여러분은 이렇게 말합니다. "그런 태도는 나를 게으르게 만들지 않습니까?"

그렇지 않습니다. 살아계신 그리스도를 의지하는 법을 배우는 사람은 누구도 게으른 사람이 될 수 없습니다. 여러분이 그리스도와 더 긴밀히 교제하면 할수록 그만큼 더 그리스도의 열심과 사랑의 영이 여러분 속에서 일어날 것이기 때문입니다. 여러분은 전적으로 그리스도를 의지하는 가운데서 거기에 깊은 평온함을 더함으로써 일을 시작하십시오. 사람은 때로 그리스도를 의지하려고 노력하고 노력하지만 이 절대적인 의존에 이르지 못할까봐 걱정합니다. 그래서 그는 노력하지만 거기에 이르지 못합니다. 그는 매일 완전한 평온함에 들어가도록 해야 합니다.

주님의 튼튼한 손에 나를 내려놓습니다.
그러면 일이 끝날 것입니다.

전능하신 그분처럼 놀랍게

일하실 수 있는 분은 아무도 없기 때문입니다.

교역자 여러분, 다음의 지식에서 오는 복된 평안과 안식 가운데서 매일 예수님의 발 앞에 앉으십시오.

나는 아무 걱정이 없습니다. 내 걱정은 주의 걱정이니!

나는 아무 두려움이 없습니다. 주께서 내 모든 두려움을 돌보시니.

자, 하나님의 자녀들이여, 여러분을 통해서 일하고자 하시는 분이 바로 주 예수님이라는 사실을 아십시오. 여러분은 뜨거운 사랑이 없다고 불평합니다. 주님께서 여러분의 마음속에 사람들을 사랑할 수 있는 거룩한 사랑을 주실 것입니다. 그것이 다음의 확실한 말씀들이 의미하는 바입니다. "성령으로 말미암아 하나님의 사랑이 우리 마음에 부은 바 됨이니라"(롬 5:5). "그리스도의 사랑이 우리를 강권하시는도다"(고후 5:14). 그리스도께서는 여러분에게 사랑의 토대를 주셔서 여러분이 아무리 비열한 사람도, 아무리 배은망덕한 사람도 혹은 지금까지 여러분을 질리게 만든 사람들도 사랑하지 않을 수 없게 만드십니다. 그리스도 안에서 쉬십시오. 그리스도는 지혜와 힘을 주실 수 있는 분입니다. 여러분은 어떻게 그 안식이 많은 경우에 여러분이 전하는 메시지의 최상의 부분이 될지 정말 알지 못합니다. 여러분이 사람들에게 변론하고 따지면 사람들은 이렇게 생각합니다. "이 사람은 나와 논쟁하고 싸우고 있구나." 그들은 이렇게 느낄 뿐입니다. "두 사람이 서로 다투고 있구나." 그러나 여러분이 하나님의 깊은 안식이 여러분을 감싸게 두면 그리스도 예수 안에 있는 안식, 하늘의 평안과 안식과 거룩함, 곧 그 평온함이 여러분의 말보다 훨씬 더 사람들의 마음에 복을 가져다줄 것입니다.

열매를 많이 맺음

세 번째로 생각할 것은, 가지는 열매를 많이 맺는 것에 대한 교훈을 가르쳐 준다는 점입니다.

주 예수 그리스도께서는 이 비유에서 열매라는 단어를 여러 번 반복하셨습니다. 처음에는 열매를 맺는 것에 대해서 말씀하셨고, 그 다음에는 더 열매를 맺는 것에 대해서, 그 다음에는 열매를 많이 맺는 것에 대해 말씀하셨습니다. "너희가 열매를 많이 맺으면 내 아버지께서 영광을 받으실 것이요"(요 15:8). 첫째로 그리스도께서 이렇게 말씀하셨습니다. "나는 포도나무요 내 아버지는 농부라. 내 아버지는 나와 너희를 돌보시는 농부이시다." 그리스도와 그 가지들 사이의 관계를 돌보실 분은 바로 하나님이십니다. 우리가 열매를 맺는 것은 그리스도로 말미암아 하나님의 능력을 입을 때입니다.

그리스도인 여러분, 여러분은 이 세상이 일꾼들이 없어서 망하고 있다는 것을 압니다. 이 세상은 단지 일꾼들이 더 필요하기만 한 것이 아닙니다. 일꾼들 가운데는 다른 사람들보다 더 열심인 사람들이 있습니다. 일꾼들은 말합니다.

"우리는 일꾼들이 더 필요할 뿐만 아니라 또한 새로운 능력, 다른 생명을 가진 일꾼들이 필요합니다. 그래야 우리 일꾼들이 복을 더 많이 가져올 수 있을 것입니다."

하나님의 자녀 여러분, 여러분에게 말씀드립니다. 여러분은 사랑하는 사람이 아플 때 어떤 수고도 아끼지 않는다는 것을 압니다. 사랑하는 친구가 정말로 죽을 위험에 처해 있습니다. 포도 몇 송이가 있다면 그 친구를 기운 차리게 할 수 있는데, 포도가 제철이 아닙니다. 그러나 여러분은 이 죽어가는 친구에게 자양분을 공급해 줄 수 있는 포도를 얻기 위해 어떤 수고도 아끼지 않을 것입니다! 여러분 주위에 전혀 교회에 가지 않는 사람들이 있습니다. 또 교회에는 가지만 그리스도를 모르는 사람들이 아주 많습니다. 그런데 이 하늘의 포도, 에스골[1] 골짜기의 포도, 곧 이 천상의 포도나무의 포도는 어떤 값을 주고도 얻을 수 없습니다. 오직 그 포도는 하나님의 자녀가 그리스도와 교제하는 그의 내적 생명으로부터 맺을 수 있을 뿐입니다. 하나님의 자녀들이 이 천상의 포도나무의 수액으로 충만해지지 않고는, 하나님의 자녀들이 성령과 예수의 사랑으로 충만해지지 않고는, 그들이 참된 이 천상의 포도를 많이 맺을 수 없습니다. 우리 모두는 일이 많다고 투덜거립니다. 설

---

[1]. 에스골: 신명기에 나오는 이스라엘의 골짜기이다. 이곳에서 유대 정탐꾼들은 좋은 포도송이 가지를 베어서 약속의 땅의 열매를 보여주는 표본으로 이스라엘 진영으로 가지고 돌아왔다(민 13:23-24).

교하고 가르치고 심방할 일이 많고, 관여해야 할 조직도 많고, 온갖 종류의 성실하게 노력해야 할 일이 많다고 합니다. 그러나 그 일들 가운데서 하나님의 능력이 나타나는 일은 많지 않습니다.

무엇이 부족합니까? 일꾼과 이 천상의 포도나무 사이에 긴밀한 결합이 부족합니다. 하늘의 포도나무이신 그리스도께는 멸망해 가고 있는 수많은 사람들에게 부어주실 수 있는 복이 있습니다. 하늘의 포도나무이신 그리스도께는 이 천상의 포도를 제공하실 수 있는 능력이 있습니다. 그러나 "여러분은 가지입니다." 여러분은 예수 그리스도와 긴밀히 결합되어 있지 않으면 하늘의 열매를 맺을 수 없습니다.

일과 열매를 혼동하지 마십시오. 그리스도를 위한다고 하는 일 가운데 이 하늘의 포도나무의 열매가 아닌 일이 많이 있을 수 있습니다. 일만을 추구하지 마십시오. 열매 맺는 이 문제를 연구하십시오. 열매는 하나님의 아들의 마음속에 있는 바로 그 생명이고 능력이며 영이고 사랑입니다. 다시 말해, 열매 맺는 것은 이 하늘의 포도나무께서 친히 여러분과 내 마음속에 들어오시는 것을 의미합니다.

여러분은 다른 종류의 포도들이 있다는 것을 압니다. 각각의 포도마다 다른 이름이 있습니다. 포도나무마다 고유한 향과 즙을 제공하고, 그로 인해 포도가 독특한 향과 맛을 냅니다. 바로 그와 같이 그리스도 예수의 마음속에 사람들을 위한 생명과 사랑과 영과 복과 능력이 있습니다. 전적으로 천상적이고 거룩한 이런 것들이 우리 마음속에 내려올 것입니다. 이 하늘의 포도나무와 긴밀한 관계를 맺은 가운데서 이렇게 말하십시오.

"주 예수님, 우리가 구하는 바는 바로 주님을 통하여 흐르는 그 수액이고, 바로 주의 거룩한 생명의 성령이십니다. 즈 예수님, 주님을 위한 내 모든 일에서 주의 영이 나를 통하여 나타나지 하소서."

다시 한 번 말하지만, 이 하늘의 포도나무의 수액은 다름 아니라 바로 성령이십니다. 성령께서 이 하늘의 포도나무의 수액입니다. 따라서 여러분이 그리스도에게서 얻어야 하는 것은 바로 성령을 충만히 받는 것입니다. 여러분은 무엇보다 그것이 필요합니다. 여러분에게 부족한 것은 바로 그것입니다. 그 점을 기억하십시오. 그리스도께서 여기서 힘을 조금 주시고 저기서 복을 조금 주시며 또 저기서 도움을 주실 것으로 생각하지 마십시오. 포도나무가 가지에 자신의 독특한 수액을 공급하는 일을 하듯이 그리스도께서 자신의 영을 여러분 마음속에 주실 것으로 기대하십시오. 그러면 여러분이 열매를 많이 맺을 것입니다. 그런데 여러분이 이제 막 열매를 맺기 시작했고, 이 비유에서 "열매를 더 맺게 하려 한다" "열매를 많이 맺는다"는 그리스도의 말씀에 귀를 기울이고 있다면, 이 점을 기억하십시오. 즉, 여러분이 열매를 더 많이 맺으려면 그저 여러분 생활과 마음속에 예수님을 더 많이 모시기만 하면 된다는 것입니다.

우리 복음의 사역자들은 일, 일, 일이라는 조건에 빠질 위험이 참으로 많습니다! 그리고 우리가 일에 대해서 기도하지만, 하늘의 생명의 신선함과 쾌활함과 기쁨이 언제나 있는 것은 아닙니다. 가지의 생명은 살아계신 하늘의 포도나무이신 그리스도에 뿌리를 박고 있는 생명이기 때문에 우리는 이 가지의 생명이 많은 열매의 생명임을 알도록 합시다.

긴밀한 친교

넷째로 생각할 점은, 가지의 생명은 긴밀한 친교의 생명입니다.

다시 한 번 물어봅시다. 가지가 해야 할 일이 무엇입니까? 여러분은 그리스도께서 사용하신 그 귀한 말씀, 곧 "거하다"는 말을 압니다. 여러분의 생명은 영속하게 되어 있는 생명입니다. 그러면 그 생명이 어떻게 영속하게 되어 있습니까? 그것은 가지가 포도나무에 매일 매 순간 거함으로써 영속하게 되어 있습니다. 1월부터 12월까지 포도나무와 긴밀한 친교, 중단 없는 친교 가운데 있는 가지들이 있습니다. 우리가 이 질문을 물어보아야 한다는 것이 내게는 참으로 끔찍한 일인데, 내가 이 하늘의 포도나무와 영속적인 친교를 나누며 살 수 없습니까? 내가 매일 그렇게 살 수 없습니까?

여러분은 이렇게 말합니다. "하지만 나는 다른 일들에 너무 매여 있어요."

여러분은 매일 10시간을 부지런히 일해야 할 수 있습니다. 그 시간 동안에 여러분의 머리는 세상일들에 몰두해야 합니다. 하나님께서 그렇게 하도록 정하셨습니다. 그러나 지속적인 일은 마음으로 하는 일이지 머리로 하는 일이 아닙니다. 그것은 마음이 예수님께 붙어 있고 예수님 안에서 안식하는 일입니다. 성령께서 우리를 그리스도 예수께 연결시켜 주시는 일입니다. 머릿속 좀 더 깊이 내려가면, 내적 생명으로 내려가면 여러분은 그리스도 안에 거할 수 있고, 그러면 여러분이 자유로운 순간마다 이 생각이 떠오를 것입니다.

"예수님을 찬송하라. 나는 지금도 예수님 안에 있다."

당분간 여러분이 다른 일은 제쳐두고 하늘의 포도나무와 이 영속적인 계약을 맺는 법을 배우려고 한다면 열매가 맺히는 것을 볼 것입니다.

우리 생활에서 이 지속적인 친교가 적용되는 것은 무엇입니까? 그것이 의미하는 바가 무엇입니까?

지속적인 친교란 은밀한 기도 가운데 그리스도와 긴밀한 교제를 갖는 것을 의미합니다. 고상한 생활을 간절히 열망하고 때로 큰 복을 받기도 하고 또 때로 하늘의 기쁨이 강하게 유입되기도 하고 하늘의 즐거움이 강하게 흘러나오는 것을 경험하였다가 얼마 후에는 그것이 깨끗이 사라져 버리는 것을 경험한 그리스도인들이 있다는 것을 나는 압니다. 그들은 그리스도와의 개인적이고 실저적인 친밀한 교제가 매일의 생활에 절대적으로 필요하다는 것을 알지 못하였습니다. 홀로 그리스도와 지내는 시간을 가지십시오. 여러분이 행복하고 거룩한 그리스도인이 되려고 한다면, 하늘이나 땅에 있는 어떤 것도 여러분을 그 필요성에서 면제시켜 줄 수 없습니다.

아, 종종 홀로 그리스도와 지내는 것을 무거운 짐이나 부담, 의무, 어려운 일로 여기는 그리스도인들이 얼마나 많은지 모릅니다! 바로 그것이 도처에서 우리 그리스도인의 생활에 큰 장애물이 되고 있습니다. 우리는 조용히 그리스도와 교제하는 것이 더 많이 필요합니다. 내가 이 하늘의 포도나무의 이름으로 여러분에게 말합니다. 여러분이 그리스도와 교제를 갖는데 많은 시간을 쓰지 않는다면, 여러분은 건강한 가지, 곧 이 하늘의 수액이 흘러들어갈 수 있는 가지가 될 수 없습니다. 여러분이 홀로 그리스도와 지내기 위해 시간을 희생하려고 하지 않는다면, 매일 주님께서 여러분 속에서 일하실 시간을 드리며 여러분과 그리스도 사이에 연결 고리를 유지하려고 하지 않는다면, 주님께서 여러분에게 그와의 끊임없는 교제의 복을 주실 수 없습니다. 우리 모두 이렇게 말합시다. "그리스도시여, 제가 갈망하는 바가 바로 이것이며, 제가 택하는 것이 바로 이것입니다." 그러면 주께서 그것을 기쁘게 여러분에게 주실 것입니다.

완전한 순종

이제 마지막으로 생각해 볼 점은, 가지의 생명은 완전한 순종의 생명이라는 것입니다.

완전한 순종이라는 이 단어는 중요하고 엄숙한 말입니다. 나는 우리가 이 말의 의미를 모른다고 생각합니다. 하지만 작은 가지는 그 의미를 이렇게 설교합니다.

"작은 가지야, 너는 포도를 맺는 것 말고 달리 할 일이 있니?"
"아니, 없어요."
"그러면 너는 다른 아무것에도 쓸모가 없니?"

다른 아무것에도 쓸모가 없습니다! 성경은 포도나무 조각은 펜으로도 쓸 수 없다고, 불에 태우는 것 외에 아무것에도 쓸모가 없다고 말합니다.

"그런데 작은 가지야, 너는 포도나무에 대한 너의 관계를 어떻게 생각하니?"

"나의 관계는 바로 이것입니다. 나는 전적으로 포도나무에 맡겨져 있습니다. 포도나무는 자기가 원하는 만큼 수액을 내게 많이도 줄 수 있고 적게도 줄 수 있습니다. 나는 포도나무의 뜻에 맡겨져 있습니다. 포도나무는 자기가 원하는 대로 내게 행할 수 있습니다."

친구 여러분, 우리는 주 예수 그리스도께 대해 이 완전한 순종(항복)이 필요합니다. 나는 말하면 할수록 그만큼 더, 이 완전한 순종이 설명해야 할 지극히 중요하고 또 필요한 점들 가운데 하나이면서 또한 분명하게 설명하기 아주 어려운 점들 가운데 하나라고 느낍니다. 한 사람이나 여러 사람이 와서 전적으로 헌신하기 위해 자신을 하나님께 드리며 "주님, 제가 저를 완전히 주님께 드리기를 원하나이다"라고 말하는 것은 많은 경우에 쉬운 일입니다. 그것이 매우 가치 있는 일이고, 종종 아주 풍성한 복을 가져다줍니다. 그런데 내가 조용히 연구하고 싶은 한 가지 질문은 이것입니다. "완전한 순종이라고 말할 때 그것은 무엇을 의미하는가?"

그 말의 의미는, 그리스도께서 말 그대로 자신을 전적으로 하나님께 드렸듯이 나를 완전히 그리스도께 드리는 것입니다. 그 말이 너무 강합니까? 그렇게 생각하는 사람들이 있습니다. 어떤 사람들은 그런 일은 있을 수 없다고 생각합니다. 그리스도께서 자신의 생명을 전적으로 완전히 드려서 아버지의 기뻐하시는 일만을 하려고 하셨고 또 아버지 하나님을 전적으로 완전히 의지하셨듯이, 나도 그리스도께서 기뻐하시는 일만 하게 된다는 것은 있을 수 없는 일이라고 생각합니다. 그러나 그것은 실제로 일어날 수 있는 사실입니다. 그리스도 예수께서는 그의 영을 우리 안에 불어넣기 위해 오셨고, 자신이 하신 그대로 우리가 전적으로 하나님만을 위해 사는 것에서 최고의 행복을 발견하도록 하기 위해 오셨습니다. 사랑하는 형제 여러분, 그것이 사실이라면 나는 이렇게 말하지 않을 수 없습니다.

"그렇습니다. 그것이 포도나무의 작은 가지에 대해 사실이듯이 나도 하나님의 은혜로 그것이 내게 사실이 되게 하고 싶습니다. 나는 매일 그리스도께서 자기의 원하시는 바를 내게 행하실 수 있도록 살고 싶습니다."

아, 여기서 우리 종교의 밑바닥에 많이 깔려 있는 끔찍한 실수가 나옵니다. 사람은 이렇게 생각합니다.

'내게는 사업이 있고 가족의 의무가 있으며 시민으로서 관계가 있는데, 나는 이 모든 것을 바꿀 수 없습니다. 이 모든 것과 더불어서 나는 종교와 하나님께 대한 봉사를 나를 죄에서 지켜줄 어떤 것으로 받아들이게 됩니다. 하나님께서 내가 내 의무들을 제대로 이행하도록 도와주시기를 바랍니다!'

이것은 옳은 생각이 아닙니다. 그리스도는 오셔서 죄인을 자기 피로 사셨습니다. 여기에 노예 시장이 있어서 내가 한 노예를 사게 된다면, 나는 그 노예를 옛 환경에서 이끌어 내어 내 집으로 데려올 것이고, 그는 내 집에서 내 개인 재산으로 살 것입니다. 그리고 나는 거의 하루 종일 그에게 명령을 내릴 수 있을 것입니다. 만일 그가 충직한 노예라면, 그는 자기 뜻과 자기 관심사는 아무것도 없는 것처럼 살 것이고, 그의 유일한 관심사는 자기 주인의 복지와 명예를 높이는 것일 뿐입니다. 마찬가지로, 그리스도의 핏값으로 사신 바 되는 나는 "어떻게 하면 내 주님을 기쁘시게 할 수 있을까?" 하는 이 한 가지 생각만 가지고 매일을 살게 된 것입니다.

  우리가 자신의 뜻대로 살고 있으면서 하나님의 복을 구하기 때문에 그리스도인의 생활이 그처럼 어렵다고 여깁니다. 우리는 자신이 좋아하는 대로 그리스도인의 생활을 하기를 기뻐합니다. 우리는 자신의 계획을 세우고 자기가 좋아하는 일을 선택하고 나서, 그 다음에 주 예수님께 들어오셔서 죄가 우리를 너무 많이 지배하지 않게 하고, 우리가 너무 멀리 그릇된 데로 가지 않게 돌보아 주시라고 부탁합니다. 들어오셔서 그의 복을 아주 많이 주시라고 구합니다. 그러나 예수님에 대한 우리의 관계는 우리를 전적으로 그의 뜻에 맡기고, 매일 겸손히 주님께 와서 솔직하게 이렇게 말하는 것이 되어야 합니다.

  "주님, 내 속에 주의 뜻에 어긋나는 것이 있습니까? 주께서 명령하시지 않았거나 주님께 전적으로 드리지 않은 것이 있습니까?"

우리가 인내로 기다리고 기다린다면, 어떤 결과가 올지 말씀드리겠습니다. 우리와 그리스도 사이가 아주 친밀하고 다정스러워질 것입니다. 그래서 후에 우리가 어떻게 전에 "내가 그리스도께 순종합니다"라고 생각하면서 그렇게 살 수 있었는지 깜짝 놀랄 정도가 될 것입니다. 과거에는 그리스도와 우리의 교제가 참으로 소원했었다는 것을 느끼게 될 것입니다. 그리고 주께서 실제로 나를 소유하실 수 있고, 또 정말로 소유하시고 하루 종일 끊임없는 교제를 허락하신다는 것을 느끼게 될 것입니다.

나는 죄를 버리는 것에 관해서는 지금 별로 많이 얘기하지 않습니다. 그것이 필요한 사람들이 있습니다. 화를 심하게 내고 나쁜 습관들이 있는 사람들이 있습니다. 그리고 그들이 때때로 범하는 죄들, 그들이 하나님의 어린 양의 가슴에 내어놓지 않은 실제적인 죄들이 있습니다. 만일 여러분이 이 살아있는 포도나무의 가지라면, 죄 하나라도 뒤로 숨기지 마십시오. 나는 이 거룩함의 질문에 어려운 점들이 아주 많다는 것을 압니다. 모든 사람이 그 문제에 관해 아주 똑같이 생각하지 않는다는 것을 압니다. 만일 내가 모든 사람이 모든 죄로부터 자유롭게 되기를 정직하게 갈망하고 있다는 것을 볼 수 있다면, 그것은 전혀 신경 쓰지 않을 문제가 될 것입니다. 그러나 나는 무의식중에라도 종종 사람들의 마음속에 우리가 죄가 없을 수 없다, 우리는 매일 작은 죄를 짓지 않을 수 없다, 어쩔 수 없는 일이라는 생각에 타협하지 않을까 염려가 됩니다. 사람들이 정말로 하나님께 이렇게 부르짖으면 좋겠습니다. "주님, 저를 죄에서 지켜 주옵소서!" 자신을 완전히 예수님께 드리고, 여러분을 죄에서 지키시는 일에 여러분을 위해 힘을 다해 주시기를 구하십시오.

우리의 일과 교회, 주변 환경에는 우리가 세상에 태어날 때 세상에서 발견했던 것이 많이 있습니다. 그것이 주위에서 온통 자랐고, 그래서 우리는 그것이 다 옳다고, 그것은 변할 수 없다고 생각합니다. 우리는 주 예수님께 와서 그것에 관해 구하지 않습니다. 그리스도인 여러분, 나는 **여러분이 모든 것을 예수님과의 관계로 가져와서** 이렇게 말하기를 권합니다.

"주님, 내 생활의 모든 것은 복된 포도나무이신 주님의 가지로서 내 위치와 완전히 조화를 이루어야 합니다."

그리스도께 대한 여러분의 순종은 완전한 것이 되어야 합니다. 나는 순종이라는 그 말을 완전히 이해하지 못합니다. 그 말은 때때로 새로운 의미들을 갖습니다. 그 말은 때때로 무한히 확대됩니다. 나는 여러분이 그 단어를 거리낌 없이 말하기를 권합니다.

"그리스도시여, 내가 선택한 것은 바로 주님께 대한 완전한 순종입니다."

그러면 그리스도께서 여러분에게 주님의 마음에 맞지 않는 것을 보여주시고, 여러분을 더욱 깊고 더욱 고귀한 복으로 인도해 가실 것입니다.

결론으로, 모든 것을 한 문장으로 요약해 보겠습니다. 그리스도 예수께서 "나는 포도나무요 너희는 가지라"고 말씀하셨습니다. 다른 말로 하면 이것입니다.

"내 자신을 너희에게 그처럼 완전하게 준 살아있는 하나님인 나는 포도나무다. 너희는 나를 아무리 신뢰해도 지나침이 없을 것이다. 나는 거룩한 생명과 능력이 충만한 전능한 일꾼이다."

여러분은 주 예수 그리스도의 가지입니다. 만일 여러분의 마음속에 여러분이 열매를 많이 맺는 튼튼하고 건강한 가지가 아니고, 예수님과 긴밀히 연결되어 있지 않으며, 마땅히 해야 하는 대로 그리스도 안에 살고 있지 않다는 생각이 있다면, 주께서 이렇게 말씀하시는 것에 귀를 기울이십시오.

"나는 포도나무이다. 내가 너희를 받을 것이고 너희를 내게로 끌어당길 것이다. 너희에게 복을 주고 너희의 힘을 북돋울 것이며, 내 영을 너희에게 충만하게 할 것이다. 포도나무인 내가 너희를 내 가지로 삼았고 내 자신을 완전히 너희에게 주었다. 그러니 자녀들아, 네 자신을 완전히 내게 주어라. 나는 하나님으로서 내 자신을 절대적으로 너희에게 주었다. 나는 사람이 되었고 완전히 너희의 것이 되기 위하여 너희를 위하여 죽었다. 와서 너희 자신을 완전히 주어 내 것이 되어라."

이에 대해 우리는 무엇이라고 대답할 것입니까? 살아계신 그리스도께서 우리 각 사람을 붙드시고 우리를 자신에게 긴밀하게 연결시켜 주시라고 마음 깊은 곳으로부터 기도를 드립시다. 살아계신 포도나무이신 그리스도께서 우리 각 사람을 자신에게 연결시켜 우리가 마음으로 이 노래를 부르며 나아갈 수 있게 해 달라고 기도합시다.

"주님은 나의 포도나무요 나는 그의 가지입니다. 이제 내게 영원한 포도나무가 계시니, 내게 부족함이 없습니다."

그 다음에 여러분이 홀로 주님과 함께 있을 때, 주님을 예배하고 찬미하십시오. 그를 신뢰하고 사랑하며 그의 사랑을 기다리십시오.

"주님은 나의 포도나무요 나는 그 가지입니다. 그것으로 충분하오며, 내 영혼이 만족하나이다."

주님의 복되신 이름에 영광을 돌립시다!

"크리스천의 영적 성장을 돕는 고전"
세계기독교고전 목록

1. 데이비드 브레이너드 생애와 일기 | 조나단 에드워즈 편집
2. 그리스도를 본받아 | 토마스 아 켐피스
3. 존 웨슬리의 일기 | 존 웨슬리
4. 존 뉴턴 서한집 - 영적 도움을 위하여 | 존 뉴턴
5. 성 프란체스코의 작은 꽃들
6. 경건한 삶을 위한 부르심 | 윌리엄 로
7. 기도의 삶 | 성 테레사
8. 고백록 | 성 아우구스티누스
9. 하나님의 사랑 | 성 버나드
10. 회개하지 않은 자에게 보내는 경고 | 조셉 얼라인
11. 하이델베르크 요리문답 해설 | 우르시누스
12. 죄인의 괴수에게 넘치는 은혜 | 존 번연
13. 하나님께 가까이 | 아브라함 카이퍼
14. 기독교 강요(초판) | 존 칼빈
15. 천로역정 | 존 번연
16. 거룩한 전쟁 | 존 번연
17. 하나님의 임재 연습 | 로렌스 형제
18. 악인 씨의 삶과 죽음 | 존 번연
19. 참된 목자(참 목자상) | 리처드 백스터
20. 예수님이라면 어떻게 하실까 | 찰스 쉘던
21. 거룩한 죽음 | 제레미 테일러
22. 웨이크필드의 목사 | 올리버 골드스미스
23. 그리스도인의 완전 | 프랑소아 페넬롱
24. 경건한 열망 | 필립 슈페너
25. 그리스도인의 행복한 삶의 비결 | 한나 스미스
26. 하나님의 도성(신국론) | 성 아우구스티누스
27. 겸손 | 앤드류 머레이
28. 예수님처럼 | 앤드류 머레이
29. 예수의 보혈의 능력 | 앤드류 머레이
30. 그리스도의 영 | 앤드류 머레이
31. 신학의 정수 | 윌리엄 에임스
32. 실낙원 | 존 밀턴
33. 기독교 교양 | 성 아우구스티누스
34. 삼위일체론 | 성 아우구스티누스
35. 루터 선집 | 마르틴 루터
36. 성령, 위로부터 오는 능력 | 앨버트 심프슨
37. 성도의 영원한 안식 | 리처드 백스터
38. 웨스트민스터 소요리문답 해설 | 토마스 왓슨
39. 신학총론(최종판) | 필립 멜란히톤
40. 믿음의 확신 | 헤르만 바빙크
41. 루터의 로마서 주석 | 마르틴 루터
42. 놀라운 회심의 이야기 | 조나단 에드워즈
43. 새뮤얼 러더퍼드의 편지 | 새뮤얼 러더퍼드
44-46. 기독교 강요(최종판) 상·중·하 | 존 칼빈
47. 인간의 영혼 안에 있는 하나님의 생명 | 헨리 스쿠걸
48. 완전의 계단 | 월터 힐턴
49. 루터의 탁상담화 | 마르틴 루터
50-51. 그리스도인의 전신갑주 I, II | 윌리엄 거널
52. 섭리의 신비 | 존 플라벨
53. 회심으로의 초대 | 리처드 백스터
54. 무릎으로 사는 그리스도인 | 무명의 그리스도인
55. 할레스비의 기도 | 오 할레스비
56. 스펄전의 전도 | 찰스 H. 스펄전
57. 개혁교의학 개요(하나님의 큰 일) | 헤르만 바빙크
58. 순종의 학교 | 앤드류 머레이
59. 완전한 순종 | 앤드류 머레이
60. 그리스도의 기도학교 | 앤드류 머레이
61. 기도의 능력 | E. M. 바운즈
62. 스펄전 구약설교노트 | 찰스 스펄전
63. 스펄전 신약설교노트 | 찰스 스펄전
64. 죄 죽이기 | 존 오웬